F.EDOUARD 1985

PIERRE LOTI

DE L'ACADÉMIE FRANÇAISE

JAPONERIES
D'AUTOMNE

PARIS

CALMANN-LÉVY, ÉDITEURS

1926

JAPONERIES D'AUTOMNE

Il a été tiré de cet ouvrage

DEUX MILLE CENT EXEMPLAIRES SUR PAPIER VÉLIN DU MARAIS

tous numérotés.

N°

Exemplaire du Dépôt Légal

PIERRE LOTI

DE L'ACADÉMIE FRANÇAISE

JAPONERIES D'AUTOMNE

PARIS

CALMANN-LÉVY, ÉDITEURS

3, RUE AUBER, 3

1926

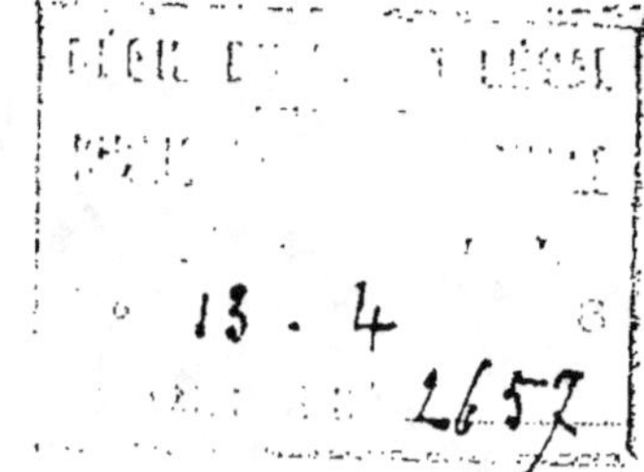

JAPONERIES D'AUTOMNE

KIOTO, LA VILLE SAINTE

A Edmond de Goncourt.

Jusqu'à ces dernières années, elle était inaccessible aux Européens, mystérieuse; à présent, voici qu'on y va en chemin de fer; autant dire qu'elle est banalisée, déchue, finie.

C'est de Kobé qu'on peut s'y rendre par des trains presque rapides, et Kobé est un grand port, situé à l'entrée de la mer Intérieure et ouvert à tous les navires du monde.

I

Départ du bord un peu avant le jour, car la frégate qui m'a amené est mouillée bien loin de terre. Sur rade, un ciel clair et froid avec de dernières étoiles. Beaucoup de brise debout, et mon canot avance péniblement, tout aspergé d'eau salée.

A cette heure, le quai de Kobé est encore un peu obscur, désert, avec seulement quelques rôdeurs en quête d'imprévu. Pour aller au chemin de fer, il faut traverser le quartier cosmopolite des cabarets et des tavernes ; c'est au tout petit jour, frais et pur. Les bouges s'ouvrent ; on voit, au fond, des lampes qui brûlent ; on y entend chanter *la Marseillaise*, le *God save*, l'air national américain. Tous les matelots « permissionnaires » sont là, s'éveillant pour rentrer à bord. En route, j'en croise des nôtres qui reviennent, leur nuit finie, se carrant comme des seigneurs dans leur *djin-richi-cha*[1]. Incertains de me reconnaître dans la demi-obscurité, ils m'ôtent leur bonnet au passage.

Au bout de ces rues joyeuses, c'est la gare. Le jour se lève. Un drôle de petit chemin de fer, qui n'a pas l'air sérieux, qui fait l'effet d'une chose pour rire, comme toutes les choses japonaises. Ça existe cependant, cela part et cela marche.

Au guichet, on examine avec soin mon passe-port, qui serait presque un *bibelot* tant il y a dessus de petits griffonnages drôles. Il est en règle et on me délivre mon billet. Très peu de monde ; c'est surtout le public des troisièmes qui donne, et dans ma voiture me voilà installé seul.

Cela s'ébranle à tous ces bruits connus de sif-flets, de cloches, de vapeur, qui se font au Japon comme en France, et nous sommes en route.

1. *Djin-richi-cha*, petite voiture à une place, traînée par un homme coureur.

II

Des campagnes fraîches et fertiles traversées au
soleil du matin, d'un beau matin d'automne. Tout
est extrêmement cultivé et encore vert : champs
de maïs, champs de riz, champs d'ignames avec
ces grandes feuilles ornementales très connues
sur nos squares. Dans ces champs, beaucoup de
monde qui travaille. C'est en plaine, toujours,
seulement on longe des chaînes de hautes montagnes boisées; en fermant un peu les yeux, on
dirait l'Europe, le Dauphiné, par exemple, avec
les Alpes à l'horizon.

Il y a dans le vert des prairies une profusion
de fleurs rouges, espèce de liliacées de marais aux
pétales minces et frisés ressemblant à des panaches
d'autruches. Dans toutes les petites rigoles qui

entourent en carré les champs de riz, ces fleurs abondent, formant partout comme d'élégantes bordures de plumes.

Petites stations à noms bizarres; à côté des bâtisses du chemin de fer, à côté des tuyaux et des machines apparaissent, très surprenants, des vieux temples à toit courbe, avec leurs arbres sacrés, leurs pylônes de granit, leurs monstres.

Il est disparate, hétérogène, invraisemblable, ce Japon, avec son immobilité de quinze ou vingt siècles et, tout à coup, son engouement pour les choses modernes qui l'a pris comme un vertige.

La première grande ville sur la route, c'est Oasaka, où l'on s'arrête. Ville marchande; peu de temples, des milliers de petites rues tracées d'équerre, des canaux comme à Venise, des bazars de bronze et de porcelaine; une fourmilière en mouvement.

D'Oasaka à Kioto, mêmes campagnes vertes, mêmes cultures plantureuses, mêmes chaînes de montagnes boisées. C'est monotone et le sommeil me vient.

A l'avant-dernière des stations, monte dans mon compartiment, avec de gracieuses révérences, une vieille dame du monde comme il faut, qui semble échappée d'un écran à personnages. Dents laquées de noir, sourcils rasés soigneusement;

robe de soie brune avec des cigognes brochées; grandes épingles d'écaille piquées dans les cheveux rares. Quelques mots aimables s'échangent entre nous en langue japonaise, et puis je m'endors.

III

Kioto! C'est la vieille dame qui me réveille, très souriante, en me frappant sur les genoux.

— *Okini arigato, okami-san!* (Grand merci, madame!) et je saute à terre, un peu ahuri au sortir de ce sommeil.

Alors me voilà assailli par la pléiade des *djin-richi-san*[1]. Étant le seul en costume européen parmi cette foule qui débarque, je deviens leur point de mire à tous. (A bord, nous avons coutume de dire simplement des *djin;* c'est plus bref et cela va bien à ces hommes coureurs toujours en mouvement rapide comme des diablotins.)

1. *Djin-richi-san*, homme qui traîne la *djin-richi-cha*.

C'est à qui m'emportera, on se dispute et on se pousse. Mon Dieu, cela m'est égal à moi, je n'ai aucune préférence, et je me jette dans la première voiture venue. Mais ils sont cinq qui se précipitent, pour s'atteler devant, s'atteler en côté, pousser par derrière... Ah! non, c'est beaucoup trop, et deux me suffisent. Il faut parlementer longtemps en ayant l'air de se fâcher, pour se débarrasser des autres. A la fin c'est compris : un *djin* entre les brancards, un *djin* attelé en flèche par une longue bande d'étoffe blanche, et nous partons comme le vent.

Quelle immense ville, ce Kioto, occupant avec ses parcs, ses palais, ses pagodes, presque l'emplacement de Paris. Bâtie tout en plaine, mais entourée de hautes montagnes comme pour plus de mystère.

Nous courons, nous courons, au milieu d'un dédale de petites rues à maisonnettes de bois, basses et noirâtres. Un air de ville abandonnée. C'est bien du vrai Japon par exemple, et rien ne détonne nulle part. Moi seul je fais tache, car on se retourne pour me voir.

— *Ha! ha! ho! hu!* Les *djin* poussent des cris de bête pour s'exciter et écarter les passants. Assez dangereuse, cette manière de circuler dans un tout petit char d'une légèreté excessive, emporté par des gens qui courent, qui courent à toutes jambes. Cela bondit sur les pierres, cela s'incline dans les tournants brusques, cela accroche ou renverse des gens ou des choses. Dans certaine avenue très large, il y a un torrent qui roule, encaissé entre deux talus à pic, et tout au ras du bord nous passons ventre à terre. A toute minute, je me vois tomber là dedans.

Une demi-heure de course folle pour arriver à l'hôtel Yaâmi dont j'ai donné l'adresse à mes *djin*. C'est, paraît-il, un vrai hôtel, tout neuf, qu'un Japonais vient de monter à la manière anglaise, pour loger les aimables voyageurs venus d'Occident. Et il faut bien aller là pour trouver quelque chose à manger, la cuisine japonaise pouvant servir d'amusement tout au plus.

Il est situé d'une façon charmante, à cinquante mètres de haut dans les montagnes qui entourent la ville, parmi les jardins et les bois. On y monte par des escaliers fort mignons, par des pentes sablées avec bordure de rocailles et de fleurs, tout cela trop joli, trop arrangé, trop paysage de potiche, mais très riant, très frais.

L'hôte, en longue robe bleue, me reçoit au perron avec des révérences infinies. A l'intérieur, tout est neuf, aéré, soigné, élégant : des boiseries blanches et légères, d'un travail parfait. Dans ma chambre on m'apporte tant d'eau claire que j'en puisse désirer pour mes ablutions; mais cela se passe sans le moindre mystère; porte ouverte, l'hôte, les garçons, les servantes, entrent pour m'aider et pour me voir; de plus, les fenêtres donnent sur le jardin d'une maison voisine, et là, deux dames nippones qui se promenaient dans les allées en miniature s'arrêtent pour regarder aussi.

Un premier repas léger, servi tout à fait à l'anglaise avec accompagnement de thé et de tartines beurrées, et puis je fais comparaître deux *djin* que je loue au prix fixé de *soixante-quinze sous* par tête et par jour; pour cette somme-là ils courront du matin au soir à ma fantaisie, sans s'essouffler ni gémir, en m'entraînant avec eux.

Ces courses en *djin* sont un des souvenirs qui restent, de ces journées de Kioto où l'on se dépêche pour voir et faire tant de choses. Emporté deux fois vite comme par un cheval au trot, on sautille d'ornière en ornière, on bouscule des foules, on franchit des petits ponts croulants, on se trouve voyageant seul à travers des quartiers déserts. Même on monte des escaliers et on en descend; alors, à chaque marche, pouf, pouf, pouf, on tressaute sur son siège, on fait la paume. A la fin, le soir, un ahurissement vous vient, et on voit défiler les choses comme un kaléidoscope remué trop vite, dont les changements fatigueraient la vue.

Comme c'est inégal, changeant, bizarre, ce Kioto! Des rues encore bruyantes, encombrées de *djin*, de piétons, de vendeurs, d'affiches bario-

lées, d'oriflammes extravagantes qui flottent au
vent. Tantôt on court au milieu du bruit et des
cris; tantôt c'est dans le silence des choses aban-
données, parmi les débris d'un grand passé
mort. On est au milieu des étalages miroitants, des
étoffes et des porcelaines; ou bien on approche
des grands temples, et les marchands d'idoles
ouvrent seuls leurs boutiques pleines d'inimaginables figures; ou bien encore on a la surprise
d'entrer brusquement sous un bois de bambous,
aux tiges prodigieusement hautes, serrées, frêles,
donnant l'impression d'être devenu un infime
insecte qui circulerait sous les graminées fines
de nos champs au mois de juin.

Et quel immense capharnaüm religieux, quel
gigantesque sanctuaire d'adoration que ce Kioto
des anciens empereurs! Trois mille temples où
dorment d'incalculables richesses, consacrées à
toutes sortes de dieux, de déesses ou de bêtes.
Des palais vides et silencieux, où l'on traverse
pieds nus des séries de salles tout en laque d'or,
décorées avec une étrangeté rare et exquise. Des
bois sacrés aux arbres centenaires, dont les avenues sont bordées d'une légion de monstres, en
granit, en marbre ou en bronze.

IV

Pour voir de haut se déployer cet ensemble, le matin au gai soleil de neuf heures, je monte sur une tour, comme jadis madame Marlborough ; — c'est la tour d'Yasaka ; — elle ressemble à ces pagodes à étages multiples comme on en voit sur le dos des éléphants de bronze où les Chinois brûlent de l'encens. A l'étage inférieur, au rez-de-chaussée, c'est arrangé en temple : de grands bouddhas dorés, perdus de vétusté et de poussière, des lanternes, des vases sacrés avec des bouquets de lotus.

Deux vieilles femmes, les gardiennes, me réclament un sou d'entrée, un sou nippon naturellement, marqué d'un chrysanthème et d'un monstre. Ensuite, avec un geste aimable :

— Tu peux monter, disent-elles, sans être accompagné, nous avons confiance, voici le trou par où l'on passe.

Et je commence à grimper, enchanté d'être seul, par des séries d'échelles droites ayant pour rampes des bambous que les mains humaines ont longuement polis. La tour est en bois, comme toutes les constructions japonaises; les poutres antiques sont littéralement couvertes, du bas jusqu'en haut, d'inscriptions à l'encre de Chine : les réflexions des visiteurs, sans doute, mais je ne sais pas les lire et c'est dommage, il doit y en avoir de si précieuses!

A l'étage supérieur, une *armoire-à-bouddha* dans un coin. Je l'ouvre, pour regarder le dieu qui l'habite : il paraît très âgé et caduc, affaissé dans son lotus, avec un sourire mystérieux sous une couche de poussière.

De cette galerie d'en haut, on voit, comme en planant, la ville immense, étendue en fourmilière sur la plaine unie, avec son enceinte de hautes montagnes où les bois de pins et de bambous jettent une admirable teinte verte. Au premier coup d'œil on dirait presque une ville d'Europe; des millions de petits toits avec des tuiles d'un gris sombre, qui jouent les ardoises de nos villes du Nord; çà et là des rues droites, faisant des lignes claires au milieu de cette couche de choses noirâtres. On cherche malgré soi des églises, des clochers; mais non, rien de tout cela; au contraire, une note étrange et lointaine donnée par ces hautes toitures monumentales, trop grandes, trop bizarrement contournées, qui surgissent au milieu des maisonnettes basses, et qui sont des palais ou des pagodes. Aucun bruit ne monte jusqu'à moi, de la vieille capitale religieuse; de si haut, on la dirait tout à fait morte. Un beau soleil tranquille l'éclaire, et on voit flotter dessus, comme un voile, la brume légère des matins d'automne.

V

Le temple de Kio-Midzou, un des plus beaux
et des plus vénérés. — Il est, suivant l'usage, un
peu perché dans la montagne, entouré de la belle
verdure des bois. — Les rues par lesquelles on y
monte sont assez désertes. — Les abords en sont
occupés surtout par les marchands de porcelaine
dont les étalages innombrables miroitent de
vernis et de dorures. Personne dans les boutiques, personne dehors à les regarder. — Ces rues
ne se peuplent qu'à certains jours de pèlerinage
et de fête; aujourd'hui on dirait d'une grande
exposition ne trouvant plus de visiteurs.

A mesure que l'on approche en s'élevant toujours, les marchands de porcelaine font place aux
marchands d'idoles, étalages plus étranges. Des

milliers de figures de dieux, de monstres, sinistres, méchantes, moqueuses ou grotesques : il y
en a d'énormes et de très vieilles, échappées des
vieux temples démolis, et qui coûtent fort cher;
surtout il y en a d'innombrables en terre et en
plâtre, débordant jusque sur le pavé, à un sou et
même à moins, tout à fait gaies et comiques, à
l'usage des petits enfants. Où finit le dieu, où
commence le joujou? Les Japonais eux-mêmes le
savent-ils?

Les marches deviennent vraiment trop rapides,
et je mets pied à terre, bien que mes *djin* affir-
ment que ça ne fait rien, que cette rue peut parfaitement se monter en voiture. A la fin, voici un
vrai escalier en granit, monumental, au haut
duquel se dresse le premier portique monstrueux
du temple.

D'abord on entre dans de grandes cours en terrasse d'où la vue plane de haut sur la ville sainte;
des arbres séculaires y étendent leurs branches,
au-dessus d'un pêle-mêle de tombes, de monstres,
de kiosques religieux, et de boutiques de thé
enguirlandées. Des petits temples secondaires,
remplis d'idoles, sont posés çà et là au hasard.
Et les deux grands apparaissent au fond, écrasant
tout de leurs toitures énormes.

Une eau miraculeuse, que l'on vient boire de
très loin, arrive claire et fraîche de la montagne,
vomie dans un bassin par une chimère de bronze,

hérissée, griffue, furieuse, enroulée sur elle-même
comme prête à bondir.

Dans ces grands temples du fond, on est saisi
dès l'entrée par un sentiment inattendu qui touche
à l'horreur religieuse : les dieux apparaissent,
dans un recul dont l'obscurité augmente la profondeur. Une série de barrières empêchent de
profaner la région qu'ils habitent et dans laquelle
brûlent des lampes à lumière voilée. On les aperçoit assis sur des gradins, dans des chaises, dans
des trônes d'or. Des Bouddha, des Amiddha, des
Kwanon, des Benten, un pêle-mêle de symboles
et d'emblèmes, jusqu'aux miroirs du culte shintoïste qui représentent la vérité ; tout cela donnant
l'idée de l'effrayant chaos des théogonies japonaises. Devant eux sont amoncelées des richesses
inouïes : brûle-parfums gigantesques, de formes
antiques ; lampadaires merveilleux ; vases sacrés
d'où s'échappent en gerbe des lotus d'argent ou
d'or. De la voûte du temple descendent une profusion de bannières brodées, de lanternes, d'é-
normes girandoles de cuivre et de bronze, serrées
jusqu'à se toucher, dans un extravagant fouillis.
Mais le temps a jeté sur toutes ces choses une
teinte légèrement grise qui est comme un adou-
cissement, comme un coup de blaireau pour les
harmoniser. Les colonnes massives, à soubassement de bronze, sont usées jusqu'à hauteur
humaine par le frôlement des générations éteintes

qui sont venues là prier; tout l'ensemble rejette l'esprit très loin dans les époques passées.

Des groupes d'hommes et de femmes défilent pieds nus devant les idoles, l'air inattentif et léger; ils disent des prières cependant, en claquant des mains pour appeler l'attention des Esprits; et puis s'en vont s'asseoir sous les tentes des vendeurs de thé, pour fumer et pour rire.

Le second temple est semblable au premier : même entassement de choses précieuses, même vétusté, même pénombre; seulement il a cette particularité plus étrange d'être bâti en porte à faux, suspendu au-dessus d'un précipice; ce sont des pilotis prodigieux qui depuis des siècles le soutiennent en l'air. En y entrant, on ne s'en doute pas, mais quand on arrive au bout, à la véranda du fond, on se penche avec surprise, pour plonger les yeux dans le gouffre de verdure que l'on surplombe : des bois de bambous, d'une délicieuse fraîcheur et vus par en dessus en raccourcis fuyants. On est là comme au balcon de quelque gigantesque demeure aérienne. .

D'en bas montent des bruits très gais d'eau jaillissante et d'éclats de rire. C'est qu'il y a là cinq sources miraculeuses, ayant le don de rendre mères les jeunes mariées, et un groupe de femmes s'est installé à l'ombre pour en boire.

C'est joli et singulier, un bois uniquement composé de ces bambous du Japon. Ainsi vu par en dessus, cela paraît une série d'immenses plumes régulières et pareilles, teintes du même beau vert nuancé qui s'éclaircirait vers les pointes ; et le tout est si léger, qu'au moindre souffle cela s'agite et tremble. Et ces femmes, au fond de ce puits de verdure, ont l'air de petites fées nippones avec leurs tuniques aux couleurs éclatantes bizarrement combinées, avec leurs hautes coiffures piquées d'épingles et de fleurs.

Ces choses fraîches à regarder sont un repos inattendu, après tous ces dieux terribles que l'on vient de voir à la lueur des lampes, et qu'on sent toujours là, derrière soi, alignés dans les sanctuaires obscurs.

VI

A l'hôtel Yaâmi, les repas sont ordonnés d'une
manière très correctement britannique : morceaux de pain minuscules, rôtis tout rouges et
pommes de terre bouillies.

Du reste, les seuls voyageurs en ce moment
sont quatre touristes anglais, deux gentlemen gri-
sonnants, aux allures comme il faut, et deux
misses d'un âge mûr. Hautes de six pieds, et
d'une extrême laideur, elles sont habillées dans
des espèces de guérites en mousseline blanche
qui laissent saillir tout autour de leur taille des
baleines rétives. A mes yeux déjà habitués aux
gentilles guenons japonaises, elles apparaissent
comme deux grands singes mâles qu'on aurait
costumés pour quelque représentation à la foire.

Il y a pour moi dans cet hôtel une heure assez charmante ; c'est après le dîner de midi quand je suis seul assis sous la véranda d'où l'on domine la ville, fumant une cigarette dans un demi-sommeil de l'esprit. Au premier plan est le jardin, avec son labyrinthe en miniature, ses toutes petites rocailles, son tout petit lac, ses arbustes nains, dont les uns ont des feuilles, les autres des fleurs seulement, toujours comme dans les paysages sur porcelaine. Par-dessus ces gentilles choses, maniérées à la japonaise, se déploie dans les grands lointains toute la ville aux milliers de toits noirs, avec ses palais, ses temples, sa ceinture de montagnes bleuâtres. Toujours la légère vapeur blanche de l'automne flottant dans l'air, et le tiède soleil éclairant tout de sa lumière pure. Et la campagne toute remplie de la musique éternelle des cigales.

Mon Dieu ! voici les deux misses échappées de leur appartement qui viennent folâtrer dans les allées du jardin, avec des gaietés enfantines de babies et des grâces d'orang-outang ! Ah ! non, alors, la position n'est plus tenable ici.

— Monsieur Yaâmi, je vous en prie, qu'on fasse vite avancer mes *djin*, et en route... pour le palais de Taïko-Sama !

Pour la dix ou vingtième fois nous devons traverser ce large torrent qui coupe en deux la ville.

(En ce moment, il est à peu près desséché, étalant au soleil son grand lit de cailloux.)

Mais le pont de bois que nous voulions prendre aujourd'hui vient précisément de s'écrouler en son milieu. Alors il faut descendre, par une échelle improvisée, dans le lit du fleuve, tandis que mes *djin* me suivent portant ma voiture sur leurs épaules. Du reste, une quantité de *djin* qui couraient par derrière nous, traînant des dames de qualité, imitent notre manœuvre et voici les belles passant à gué, troussées, trébuchant sur leurs hautes chaussures de bois, avec un grand tapage d'exclamations et d'éclats de rire.

Sur l'autre rive, un grouillement de pauvres et une affreuse pouillerie. C'est la foire des marchands à la toilette; c'est la friperie, la guenille. Des deux côtés de la rue sont entassées sur les pavés d'incroyables loques, traînées, déchirées, sordides, quelques-unes ayant été somptueuses, et encore éclatantes; vieux matelas, vieilles couvertures, vieilles chaussettes à doigts de pieds séparés; belles ceintures de dames, en satin multicolore, belles robes de soie brodées de cigognes, de papillons, de fleurs; un vieux chapeau haut de forme européen, qui a dû avoir un roman bien semé d'aventures, est même là à vendre, affaissé sur ces débris japonais. Il y aurait peut-être des trouvailles à faire, mais c'est repoussant à fouiller.

Passons vite, tout cela sent la race jaune, la moisissure et la mort.

Après, viennent des revendeurs de ferrailles : un pêle-mêle d'ustensiles baroques, où gisent même, dans la poussière grise, de vieilles lampes de pagodes et des colliers d'idoles. Les dames de qualité, qui sont aussi remontées en voiture, courent derrière moi; j'ai l'air de traîner ce sérail à ma suite et, en file indienne, nous traversons à toutes jambes cet immense bric-à-brac.

Les rues s'élargissent, les quartiers changent d'aspect. Maintenant ce sont des avenues larges plantées d'arbres, des places. Et voici le palais de Taïko-Sama qui montre au-dessus de la verdure ses hauts toits sombres et superbes.

Une enceinte de grands murs. Mes *djin* s'arrêtent devant un premier portique d'un style ancien sévère et religieux : colonnes massives à base de bronze; frise droite, sculptée d'ornements étranges; toiture lourde et énorme.

Alors je pénètre à pied dans de vastes cours désertes, plantées d'arbres séculaires, dont on a étayé les branches comme on met des béquilles aux membres des vieillards. Les immenses bâtiments du palais m'apparaissent d'abord dans une espèce de désordre où ne se démêle aucun plan d'ensemble. Partout de ces hautes toitures monumentales, écrasantes, dont les angles se relèvent en courbes chinoises et se hérissent d'ornements noirs.

Ne voyant personne, je me dirige au hasard.

Ici s'arrête absolument le sourire, inséparable du Japon moderne. J'ai l'impression de pénétrer dans le silence d'un passé incompréhensible, dans la splendeur morte d'une civilisation dont l'architecture, le dessin, l'esthétique me sont tout à fait étrangers et inconnus.

Un bonze gardien qui m'a aperçu se dirige vers moi en faisant la révérence, puis me demande mon nom et mon passeport.

C'est très bien : il va me faire visiter lui-même le palais entier à condition que je veuille bien me déchausser et ôter mon chapeau. Il m'apporte même des sandales en velours, qui sont à l'usage des visiteurs. Merci, je préfère marcher pieds nus, comme lui, et nous commençons notre promenade silencieuse dans une interminable série de salles tout en laque d'or, décorées avec une étrangeté rare et exquise.

Par terre, c'est toujours et partout cette éternelle couche de nattes blanches, qu'on retrouve aussi simple, aussi soignée, aussi propre, chez les empereurs, dans les temples, chez les bourgeois et chez les pauvres. Aucun meuble nulle part, c'est chose inconnue au Japon, ou peu s'en faut; le palais entièrement vide. Toute la surprenante magnificence est aux murailles et aux voûtes. La précieuse laque d'or s'étale uniformément partout, et sur ce fond d'aspect byzantin tous les

artistes célèbres du grand siècle japonais ont
peint des choses inimitables. Chaque salle a été
décorée par un peintre différent, et illustre, dont
le bonze me cite le nom avec respect. Dans l'une,
ce sont toutes les fleurs connues ; dans l'autre,
tous les oiseaux du ciel, toutes les bêtes de la
terre : ou bien des chasses et des combats, où
l'on voit des guerriers, couverts d'armures et
de masques effrayants, poursuivre à cheval des
monstres et des chimères. La plus bizarre assurément n'est décorée que d'éventails : des éventails de toutes les formes, de toutes les couleurs,
déployés, fermés, à demi ouverts, jetés avec une
grâce extrême sur la fine laque d'or. Les plafonds,
également laqués d'or, sont à caissons, peints
avec le même soin, avec le même art. Ce qu'il
y a de plus merveilleux peut-être, c'est cette
série de hautes frises ajourées qui règne autour
de tous les plafonds ; on songe aux générations
patientes d'ouvriers qui ont dû s'user pour
sculpter dans de telles épaisseurs de bois ces
choses délicates, presque transparentes : tantôt
ce sont des buissons de roses, tantôt des enla-
cements de glycines, ou des gerbes de riz ; ailleurs
des vols de cigognes qui semblent fendre l'air à
toute vitesse, formant avec leurs milliers de pattes,
de cous tendus, de plumes, un enchevêtrement si
bien combiné, que tout cela vit, détale, que rien
ne traîne ni ne s'embrouille.

Dans ce palais, qui n'a aucune fenêtre, il fait sombre; une demi-obscurité favorable aux enchantements. La plupart de ces salles reçoivent une lumière frisante par les vérandas du dehors, sur lesquelles un de leurs quatre côtés, composé seulement de colonnes laquées, est complètement ouvert; c'est l'éclairage des hangars profonds, des halles. Les appartements intérieurs, plus mystérieux, s'ouvrent sur les premiers par d'autres colonnades semblables, et en reçoivent une lumière plus atténuée encore; ils peuvent être fermés à volonté par des stores de bambou d'une finesse extrême, dont le tissu imite par transparence les dessins de la moire, et que relèvent aux plafonds d'énormes glands de soie rouge. Ils communiquent entre eux par des espèces de portiques dont les formes sont inusitées et imprévues : tantôt des cercles parfaits dans lesquels on passe debout comme dans de grandes chatières; tantôt des figures plus compliquées, des hexagones ou des étoiles. Et toutes ces ouvertures secondaires ont des encadrements de laque noire qui tranchent avec une élégance distinguée sur le ton général des ors, et que renforcent à tous les angles des ornements de bronze merveilleusement ciselés par des orfèvres d'autrefois.

Les siècles aussi se sont chargés d'embellir ce palais, en voilant un peu l'éclat des choses, en fondant tous ces ensembles d'or dans une sorte d'effacement très doux; avec ce silence et cette solitude, on dirait la demeure enchantée de quelque « Belle au bois dormant », princesse d'un monde inconnu, d'une planète qui ne serait pas la nôtre.

Nous passons devant des petits jardins intérieurs qui sont, suivant l'usage japonais, des réductions en miniature de sites très sauvages. Contrastes inattendus au milieu de ce palais d'or. Là encore le temps a passé, verdissant les petits rochers, les petits lacs, les petits abîmes ; effritant les petites montagnes, donnant un air réel à tout cela qui est minuscule et factice. Les arbres, créés nains par je ne sais quel procédé japonais, n'ont pas pu grandir ; mais ils ont pris un air de vétusté extrême. Les cycas sont devenus à plusieurs branches, à force d'être centenaires ; on dirait des petits palmiers à tronc multiple, des plantes antédiluviennes ; ou plutôt de massifs candélabres noirs, dont chaque bras porterait à son extrémité un frais bouquet de plumes vertes.

Ce qui surprend aussi, c'est l'appartement particulier qu'avait choisi ce Taïko-Sama, qui fut un grand conquérant et un grand empereur. C'est très petit, très simple, et cela donne sur le plus mignon, le plus maniéré de tous les jardinets.

La salle des réceptions, qu'on me montre une des dernières, est la plus vaste et la plus magnifique. Environ cinquante mètres de profondeur

et, naturellement, tout en laque d'or, avec
une haute frise merveilleuse. Toujours pas de
meubles; rien que les étagères de laque sur lesquelles les beaux seigneurs, en arrivant, déposaient
leurs armes. Au fond, derrière une colonnade,
l'estrade où, à l'époque déjà reculée de notre
Henri IV, Taïko-Sama donnait ses audiences.
Alors on songe à ces réceptions, à ces entrées
de seigneurs étincelants dont les casques étaient
surmontés de cornes, de mufles, d'épouvantails;
à tout le cérémonial inouï de cette cour. On y
songe, à tout cela, mais on ne le voit pas bien
revivre. Non seulement c'est trop loin dans le
temps, mais surtout c'est trop loin dans l'échelon-
nement des races de la Terre; c'est trop en dehors
de nos conceptions à nous et de toutes les notions
héréditaires que nous avons reçues sur les choses.
Il en est de même dans les vieux temples de ce
pays; nous regardons sans bien comprendre, les
symboles nous échappent. Entre ce Japon et nous,
les différences des origines premières creusent un
grand abîme.

— Nous allons traverser encore une autre salle,
me dit le bonze, et ensuite une série de couloirs
qui nous mèneront au temple du palais.

Dans cette dernière salle, il y a du monde,
ce qui est une surprise, toutes les précédentes
étant vides; mais le silence reste le même. Des
gens accroupis autour des murailles paraissent

très occupés à écrire : ce sont des prêtres qui copient des prières, avec des petits pinceaux, sur des feuilles de riz, pour les vendre au peuple. Ici, sur les fonds d'or des murailles, toutes les peintures représentent des tigres royaux un peu plus grands que nature, dans toutes les positions de la fureur, du guet, de la course, de la câlinerie ou du sommeil. Au-dessus des bonzes immobiles ils dressent leurs grosses têtes expressives et méchantes, montrant leurs crocs aigus.

Mon guide salue en entrant. Comme je suis chez le peuple le plus poli de la terre, je me crois obligé de saluer aussi. Alors la révérence qui m'est rendue se propage en traînée tout autour de la salle, et nous passons.

Des couloirs encombrés de manuscrits, de ballots de prières, et nous voici dans le temple. Il est, comme je m'y étais attendu, d'une grande magnificence. Murailles, voûtes, colonnes, tout est en laque d'or, la haute frise représente des feuillages et des bouquets d'énormes pivoines très épanouies, sculptées avec tant de finesse qu'on les dirait prêtes à s'effeuiller au moindre souffle, à tomber en pluie dorée sur le sol. Derrière une colonnade, dans la partie sombre, se tiennent les idoles, les emblèmes, au milieu de toute la richesse amoncelée des vases sacrés, des brûle-parfums et des lampadaires.

Justement c'est l'heure de l'office (culte bouddhique). Dans une des cours, une cloche, aux sons graves de contrebasse, commence à tinter avec une extrême lenteur. Des bonzes, en robe de gaze noire avec surplis vert, font une entrée rituelle dont les passes sont très compliquées, puis viennent s'accroupir au milieu du sanctuaire. Il y a peu de fidèles; à peine deux ou trois groupes, qui paraissent perdus dans ce grand temple. Ce sont des femmes, étendues sur les nattes; ayant apporté leurs petites boîtes à fumer, leurs petites pipes, elles causent tout bas, étouffant des envies de rire.

Cependant la cloche commence à tinter plus vite et les prêtres à faire de grands saluts à leurs dieux. Plus vite encore, les vibrations du bronze se précipitent, tandis que les prêtres se prosternent tout à fait la face contre terre.

Alors, dans les régions mystiques, quelque chose se passe qui me paraît ressembler beaucoup à l'élévation de la messe romaine. En dehors, la cloche, comme exaspérée, sonne à coups rapides, ininterrompus, frénétiques.

Je crois bien que j'ai tout vu maintenant dans ce palais; mais je continue à n'avoir pas compris l'agencement des salles, le plan d'ensemble. Seul, je me perdrais là dedans comme dans un labyrinthe.

Heureusement, mon guide va me reconduire, après m'avoir rechaussé lui-même. A travers de nouvelles cours silencieuses, en passant auprès d'un vieil arbre gigantesque, qui est miraculeux, paraît-il, et qui depuis plusieurs siècles protège ce palais contre les incendies, il me ramène à cette même porte par laquelle je suis entré, et où mes *djin* m'attendent.

Je me fais conduire au Gos-Sho, l'ancien palais impérial que les Mikados ont délaissé. C'est très loin au milieu d'esplanades désertes, de terrains vagues. Mais cette interminable muraille massive, inclinée comme un rempart, me tente beaucoup à franchir.

Là, comme je le craignais, avec mille formes aimables, on me refuse l'entrée. C'est à peu près interdit en tout temps, m'assure-t-on. En ce moment surtout c'est impossible : on se hâte de faire de grands préparatifs pour recevoir la vieille impératrice mère, qui veut revenir dans sa capitale d'autrefois.

Quel dommage en vérité de ne pouvoir être présenté à cette douairière! Comme ce doit être drôle à voir, à étudier, dans la vie privée, dans le secret du gynécée, une vieille impératrice nippone!

Bien que cela m'intéresse assez peu, il faut cependant visiter aussi ces fabriques de porcelaine, qui fonctionnent depuis tant de siècles, ayant semé par le monde d'innombrables milliers de

tasses et de potiches. Là, rien de moderne n'est
encore venu. On est surpris de la manière simple,
primitive, dont tout cela se pétrit, se tripote, se
tourne, se fait cuire, comme il y a mille ans.
Entre deux cuissons, une armée de peintres enlu-
mine ces choses avec une prestesse prodigieuse,
recopiant toujours ces mêmes cigognes, ces
mêmes poissons, ces mêmes belles dames, qu'on
était pourtant agacé d'avoir déjà tant vus.

Ces peintres des fabriques sont payés en moyenne
dix sous par jour; exceptionnellement, on en
donne jusqu'à quarante ou cinquante à ceux qui
sont tout à fait célèbres, qui décorent les pièces
précieuses destinées à être vendues très cher.

On ne peut s'empêcher d'admirer cependant la
sûreté avec laquelle s'exerce cet art industriel.
Aussi vite que nous griffonnerions une lettre, eux
groupent des bonshommes appris par cœur; en
deux coups de pinceau, les colorient, sans jamais
dévier d'une ligne; puis négligemment, tracent
des filets de la précision la plus rigoureuse. Il a
fallu sans doute une longue hérédité de calme et
de tempérance pour former ces virtuoses à main
si posée. Bientôt, quand le Japon sera tout à fait
lancé dans le mouvement moderne, et ses ouvriers,
dans l'alcool, ce sera fini à tout jamais de ces
petits peintres-là.

VII

Le temple du *Daï-Boutsou* (du Grand-Bouddha)
semble un temple pour rire, une énorme plaisan-
terie pour amuser les fidèles.

De ce « Grand-Bouddha » on ne voit qu'une
tête et des épaules (d'au moins trente mètres de
haut), ayant l'air de surgir des profondeurs du
sol ; le dieu a le cou tendu, comme quelqu'un qui
se dégagerait péniblement de la terre. A lui seul
il remplit tout son temple et ses cheveux crépus
en touchent la toiture.

On arrive chez lui comme chez tous les dieux,
par une suite d'escaliers, de portiques, de cours.
De la porte du sanctuaire, au premier coup d'œil,
on ne s'explique pas bien ce que c'est que ce
monticule d'or, ce tas informe, qu'on a devant soi

(les épaules du Bouddha). Ce n'est qu'après, en levant beaucoup la tête, qu'on aperçoit en l'air cette colossale figure dorée, ces gros yeux fixes, abaissés de trente mètres de haut pour vous regarder avec une placidité niaise.

Je me trouve faire ce pèlerinage en même temps qu'une brave famille nippone de la province, qui visite pour la première fois la ville sainte, et ils n'en reviennent pas, ces bonnes gens, les dames surtout, de voir un dieu si gros; et ce sont des ah! des oh! des exclamations de surprise, des petits cris et des petits rires. Non, vraiment, il est trop drôle ce Bouddha, avec son cou de cigogne et son air bête; drôle à la manière de ces bonshommes de neige que les gamins font au coin des rues; drôle à la manière d'une gigantesque caricature, dont on aurait confié la confection à des petits enfants. Et voilà cette bonne petite famille provinciale, riant, sous le nez de ce dieu, riant aux larmes; ce que voyant, les autres visiteurs et même les bonzes gardiens, commencent à rire aussi. On me regarde, pour savoir quelle figure je vais faire : alors naturellement cela me gagne, c'était inévitable. Quel pays, que ce Japon, où tout est bizarrerie, contraste! Comment imaginer que ce petit peuple frivole, avec ses révérences et son éternel rire, ait pu vivre des siècles enfermé dans un si farouche mystère, et enfanter des milliers de temples avec leurs monstres et leurs épouvantes?

En payant deux sous, on a le droit de faire le tour du « Grand-Bouddha » ; on monte par des pentes de bois très raides qui vous font passer derrière la tête du colosse, un peu plus haut que sa nuque. Je m'engage là dedans, en compagnie toujours de la famille voyageuse ; c'est glissant, cette pente, c'est vieux, crevassé, vermoulu ; les dames manquent de tomber, j'avance la main pour les soutenir et nous voilà tout à fait amis. Derrière cette tête énorme, dans un recoin sombre, un vieux bonze se tient accroupi ; pour un sou il nous montre une armure et un masque de guerre ayant appartenu au grand Taïko-Sama ; puis nous ouvre de très antiques armoires à idoles où sont conservées des divinités à tête d'animal, des reliques de sinistre aspect. Là, on ne rit plus.

Dans la cour de ce temple est la plus monstrueuse de toutes les cloches de Kioto : au moins six ou huit mètres de tour. On la sonne au moyen d'une énorme poutre garnie de fer, sorte de bélier suspendu horizontalement par des cordes.

Pour deux nouveaux sous, on a le droit d'expérimenter la chose : je m'attelle aux courroies, alors on fait cercle et les enfants accourent. Deux ou trois jeunes filles viennent même bien vite s'atteler derrière moi, pour m'aider, me gênant beaucoup, pouffant de rire, tirant à rebours, faisant ensemble à peu près la force de trois bons chats.

Cependant le bélier cède, peu à peu se met en

branle. Boum!... boum!... Un son caverneux,
effroyable, prolongé en puissantes vibrations
d'orchestre, et qui doit s'entendre dans toute la
ville sainte.

Alors dans l'assistance, c'est une joie, un délire ;
on n'en revient pas, tout le monde en rit, tout
le monde en est pâmé.

Quand le soir approche, on est un peu ahuri par
tant de choses singulières que l'on a vues ; un peu
fatigué par ces courses folles dans le petit char
sautillant qui vous a heurté à toutes les pierres de
la route. On est lassé surtout de la monotonie
sans fin des petites rues japonaises, de ces milliers
de mêmes petites maisonnettes grises, ouvertes
toutes, en hangar, comme pour montrer leur
contenu pareil, leurs mêmes nattes blanches,
leurs mêmes petites boîtes à fumer, leurs mêmes
petits autels voués aux ancêtres. Et puis ces
odeurs de race jaune, de cuisine au riz, de musc,
de je ne sais quoi, vous écœurent. Et tout ce
monde se retournant pour vous regarder comme
une bête de ménagerie ; ces rassemblements de
jeunes femmes curieuses, formés tout de suite si
l'on s'arrête : minois pareils, jaunes, enfantins, à
tout petits yeux mignards, à traits vagues comme
une ébauche. Et constamment cette politesse, et
constamment ce rire... A la longue un agacement
insurmontable vous vient de toutes ces choses.

Et tant de temples, tant de temples où l'on est

entré. Tant de figures de dieux, de figures souriantes, ou mauvaises, ou funèbres, grimaces immobiles, contorsions figées, symboles inquiétants. Dans l'esprit tout cela finit par se mêler, se confondre, se déformer comme en rêve.

De tous ces temples, les plus lugubres sont ceux du dieu du riz. Tout petits toujours, presque en miniature, ils se tiennent cachés dans des recoins, ou sous des arbres, avec des airs de demeures malfaisantes; ils sont d'une simplicité, d'une rudesse voulues qui contrastent avec le luxe raffiné des autres. A leurs grillages de bois sont accrochés, noués partout, des morceaux de papier contenant des prières ou des sorts.

Au dedans de ces temples, on ne trouve jamais que des renards blancs, assis sur leur derrière dans la même pose consacrée, oreilles droites, comme les chacals, avec l'intérieur peint en rose; museau blême, rusé, méchant; lèvres retroussées en rictus de mort, sur des dents fines qui tiennent un mystérieux petit objet doré; posés sur des autels en miniature, ils se regardent entre eux, — et quelques-uns tombent en poussière...

Je ne sais pas bien ce que représente cette petite chose dorée, toujours la même, qui se retrouve entre toutes les dents pointues de ces renards des temples.

VIII

La nuit tombée, il y a, dans un quartier spécial,
l'Exposition des femmes, qui est une chose
amusante.

Rien de cet air triste, honteux, que prend la
prostitution dans nos pays d'Occident. Ici cela
se passe avec une impudeur inconsciente, une
bonhomie enfantine et drôle. Les jeunes personnes exposées sont alignées en devanture, derrière de petites barrières en bois ; assises, très
parées, très éclairées par des lampes ; blanches
comme du linge blanc, à force de poudre de riz mise
à paquets sur les joues ; les yeux agrandis de noir,
et ayant, sous la lèvre d'en bas, un rond de peinture rouge qui leur fait comme l'exagération de
ce qu'on appelle chez nous « la bouche en cœur ».

La tranquillité des exposées est une des choses qui frappent le plus. Elles ne s'occupent jamais des clients qui les regardent; elles se tiennent dignes, indifférentes et immobiles, comme des idoles.

A moins cependant que ne passe quelque groupe de femmes appartenant au monde honnête, dans lequel elles retrouvent une parente ou une amie; alors le sourire vient, et la conversation s'engage. Ce quartier est, le soir, la promenade aimée des jeunes filles, qui ont toujours, derrière les petites barrières ajourées, quelque connaissance, une cousine ou une sœur. C'est aussi le rendez-vous des familles : on y vient tous ensemble, avec les grands-parents et les petits-enfants.

IX

Un reste d'été brille sur tout mon voyage. De
bonne heure, le matin, dans ma chambre d'hôtel
m'arrive un gai soleil, par ma véranda ouverte.
Alors je vois, dans le jardin d'à côté, minauder
les deux dames nippones mes voisines; leurs
bébés font voler des cerfs-volants très extraordinaires, qui représentent de gros bouddhas
ventrus...

Un de mes étonnements, dans cette ville, est de
rencontrer un immense temple en construction.
Il n'était pas de première nécessité, puisqu'il y en
avait déjà trois mille.

Cela implique une contradiction de plus chez
ce peuple si subitement affolé de vapeur et de
progrès.

Et ce temple nouveau ne le cédera, ni en grandeur ni en magnificence, à ceux du passé. Une forêt de colonnes est là, disposée par terre, et pour chacune d'elles il a fallu choisir à grands frais quelque arbre rare et gigantesque. L'agencement de toutes ces pièces de bois est préparé avec un soin minutieux, une précision d'horlogerie ; les mortaises, les tenons finement taillés sont enveloppés dans des étuis provisoires en bois blanc qui en prennent très exactement les contours de peur que la pluie, ou la main des passants, ou le soleil ne nuisent plus tard à leur étonnant ajustage. Et sans doute, quelque part, une armée d'ouvriers cisèle des vases et des girandoles, confectionne des dieux magnifiques ayant les attitudes immuables et les sourires d'il y a mille ans.

Mes *djin* sont petits, comme tous les Japonais ; coiffés, comme presque tous les *djin*, d'un chapeau large en forme d'ombrelle ; habillés d'une veste à manches pagodes, très courte de taille, comme nos plus courts vestons, et bariolée d'une façon saugrenue, ayant dans le dos un tas de choses écrites en grosses lettres nippones. Pas de pantalon ni de chemise ; une étroite bande d'étoffe, nouée d'une façon très particulière, joue pour eux l'office confié chez nous aux feuilles de vigne, ou plus anciennement aux feuilles de figuier. Du reste, ces jambes, nues jusqu'aux reins, sont superbes de nerfs et de muscles, absolument sculpturales sous leur peau jaune.

Jamais fatigués, jamais haletants, les *djin*. Dans les montées seulement, un peu de sueur leur perle sur la poitrine; alors ils enlèvent leur veste. Ils poussent des cris dans les foules, pour avertir que nous passons; mais ils courent toujours, au risque d'accrocher les gens.

Je vis en parfaite intelligence avec Kalakawa, mon *djin* de flèche; il entre avec moi dans les temples, chez les marchands, et m'explique beaucoup de choses, dans un japonais très clair que je comprends sans peine. Il est très gentil et sait bien l'histoire, la théologie, les légendes. L'autre, Hamanichi, celui d'entre les brancards, est taciturne et revêche; nos rapports, bien que courtois, sont d'une certaine froideur, même un peu tendus.

Tout s'assombrit, les quartiers deviennent plus déserts et plus morts, à mesure que nous approchons de « Kita-no-tendji », le grand temple shintoïste du Bœuf. C'est très loin, très loin, presque à la campagne, tout au bout d'un long faubourg triste. Une heure au moins de course échevelée en *djin-richi-cha*, pour arriver à l'entrée.

C'est du vieux Japon, par exemple, ce faubourg, du très vieux, du vermoulu, du noirâtre. Les maisonnettes de bois ont des aspects branlants et caducs de centenaires; les charpentes saugrenues se gondolent, se fendillent et s'émiettent; tout cela semble abandonné, on n'aperçoit personne nulle part.

On devine cependant l'approche de quelque grand temple, où doivent se célébrer en ce moment même de solennelles cérémonies, car, suivant l'usage consacré pour les fêtes religieuses, on a disposé des deux côtés de ces rues des séries de potences d'où pendent des lanternes. Elles se dressent de deux en deux pas, en files interminables; les lanternes sont d'énormes ballons gris, sur lesquels on a peint en noir des chauves-souris vues de dos, volant à tire-d'aile. Une si étrange décoration de fête n'égaye en rien ces quartiers; au contraire, toutes ces choses grises, ces alignements de lanternes qui n'en finissent plus, avec leurs bêtes nocturnes en guise de fleurs... on croirait voir les préparatifs de quelque vaste kermesse macabre, dont les invités ne viendront que la nuit.

Nous arrivons sans doute, car devant nous apparaissent, en masses sombres, les hautes ramures séculaires d'un de ces bois qui sont toujours consacrés aux dieux. Puis voici les portiques qui commencent : ils sont en granit fruste, et de ce style religieux très ancien qui se retrouve surtout dans les pagodes des villages, dans les lieux d'adoration perdus au milieu des forêts. La forme a dû en être léguée aux Japonais par une antiquité extrêmement lointaine et disparue, car elle ne leur ressemble pas; elle est sévère, grandiose, et surtout elle est *simple;* elle frappe comme une chose jamais vue. Mais il faudrait la dessiner, car elle n'est pas descriptible : deux piliers massifs, sortes de cônes s'élargissant par la base, réunis en haut par une première architrave qui est droite, et, un peu au-dessus, par une seconde qui est courbe, débordante, les pointes en l'air comme un croissant de lune; c'est tout, pas le moindre ornement, pas la moindre sculpture; l'ensemble est mystique et farouche : il tient du pylône égyptien et du dolmen celtique; il détonne très étrangement avec les choses compliquées, tourmentées qui l'entourent.

Après les portiques viennent les séries de monstres, rangés des deux côtés du chemin sur des socles de pierre. Les grands arbres étendent au-dessus leur ombre, leurs branchages contournés comme les bras multiples des idoles.

Cela commence par des espèces de tigres énormes en granit, assis sur leur arrière-train, ayant au milieu de la figure une corne à la rhinocéros et riant d'un rire à faire peur. A leurs grosses pattes sont attachés, noués, des petits bandages blancs, comme s'ils avaient du mal : ce sont des prières, qu'on leur a apportées là, sur bandelettes de papier de riz, pour les apaiser.

Cela se continue par des bœufs, un peu plus grands que nature, en granit, en bronze, ou en marbre précieux veiné de nuances rares; puis, par des alignements de tombes, ou de hautes lanternes de pierre ressemblant à des tourelles chinoises.

Au milieu de ces choses extraordinaires, dans la fraîcheur ombreuse de ce bois sacré, des gens se promènent. Plus nous approchons, plus nous rencontrons des groupes serrés; cela nous explique pourquoi ce faubourg était vide : tous les habitants se sont réunis là pour la fête; on a même dû venir de bien plus loin encore, car voici une vraie foule. Foule enfantine et frivole, comme on en voit de peintes sur les éventails ou les tasses à thé, foule qui babille, qui s'agite, et d'où partent des éclats de rire. Elle a beau être bizarre, elle cadre mal avec l'ombre de ce bois, où habitent tant de sinistres bêtes.

Beaucoup de dames souriantes, avec des piquets de fleurs artificielles dans leurs beaux chignons gommés. Tuniques très collantes aux bas de jambes, longues manches pagodes, longues ceintures nouées en pouf. Sur leurs socques en bois qui font du bruit, elles marchent les pieds en dedans, ce qui est la manière élégante. Et minaudent, et roulent leurs petits yeux retroussés, tenant le corps tout penché en avant, tout prêt pour les plus gracieuses révérences.

Des hommes en grande robe bleue; d'autres,
jambes nues, montrant leur derrière. Des bonzes
à sonnettes, drapés dans un flot de mousseline
brune, figures invisibles sous d'immenses chapeaux pointus, marchant à pas lents, la main
tendue pour mendier, au bruit continuel de leurs
mille petites cloches. Des bandes d'enfants, se
tenant par la main avec des airs d'importance :
petits garçons bien potelés; petites filles habillées déjà comme les dames avec des fleurs et de
grosses épingles dans leurs chignons de poupée;
toujours jolis, ces bébés japonais, qui devien-
dront si laids plus tard; et puis très comiques, avec le retroussement exagéré de leurs
yeux d'émail, avec l'ampleur de leurs robes
bariolées, avec l'imprévu de leurs tonsures de
cheveux, laissant par places des petites mèches
impayables.

Il y a maintenant des boutiques de marchands
de thé, où les familles nippones viennent s'asseoir. Beaucoup de kiosques religieux renfermant
toutes sortes de choses. Dans l'un, demeure un
gros taureau noir, bête sacrée, qui paraît d'humeur farouche; sa litière est d'une propreté minutieuse, il est attaché par des cordes de soie
blanche, et, dans ses naseaux, est passé un mors
de sûreté incrusté de nacre. Un autre contient
une voiture pour les dieux, ciselée magnifiquement; c'est ce taureau noir qui la traîne,

m'explique mon *djin*, lorsque ces dieux sortent, suivis de la longue procession de leurs prêtres. Ailleurs, ce sont des bannières, des cartouches et des hampes d'or, tous les accessoires des grands défilés rituels, qui s'exécutent chaque année d'après une étiquette millénaire et immuable.

La foule devient plus pressée, et nous voici devant le grand temple. Sa haute toiture compliquée se dresse en face de nous en montagne grise, dépassant les branches des vieux arbres, masquant tout le fond du tableau. On monte au sanctuaire par d'immenses gradins qui sont absolument encombrés de Nippons et de Nippones. Ces gens sont pieds nus, ou marchent sur leurs chaussettes blanches à orteil séparé; aussi y a-t-il en bas, sous la surveillance d'un bonze, une incroyable quantité de socques de bois, de sandales de paille; comment tout ce monde s'y reconnaîtra-t-il au départ? Cela me semble un mystère. Je me déchausse aussi, ne craignant aucune confusion pour mes bottines, qui sont là uniques dans leur genre, et je monte, en compagnie de mon ami Kalakawa, poussant un peu, pour arriver plus vite, les groupes nonchalants et stationnaires. Beaucoup de figures jaunes, à petits yeux en amande, se retournent pour me regarder avec une curiosité bienveillante; un léger murmure d'étonnement parmi les *mousmés*, même quelques révérences à mon adresse, qui s'ébauchent au passage, et auxquelles je réponds par des petits saluts de tête avec une envie de rire.

En haut, une longue véranda à colonnes, sur laquelle le temple est complètement ouvert. On s'assied sur des nattes blanches, très encombrées par les petites boîtes à fumer des dames. Une balustrade, qui coupe le temple en son milieu, sépare les fidèles des bonzes ; ceux-ci se tiennent accroupis dans la partie intérieure, déjà un peu obscure et mystérieuse, qui leur est réservée ; ils sont vêtus de blanc, et coiffés d'un casque noir. Derrière eux, une seconde balustrade, au-dessus de laquelle brillent, sur des étagères d'au moins cinquante mètres de long, des amoncellements de vases sacrés et d'emblèmes. C'est bien un temple du culte shintoïste pur ; on n'aperçoit nulle part aucune figure bouddhique, aucune représentation humaine ni animale, et cela repose et change, après ces prodigieuses débauches d'idoles auxquelles on était habitué ailleurs ; parmi les brûle-parfums et les vases, aucune tête grimaçante ; rien que ces miroirs ronds, en acier poli, qui symbolisent la vérité.

Comme les autres fidèles, je jette dans l'enceinte des bonzes quelques pièces de monnaie ; il y en a tant déjà, que les nattes en sont jonchées, couvertes ; mais les prêtres, qui les ramasseront ce soir avec des râteaux, ne semblent pas les voir. Mon offrande fait bien dans le public ; on

échange autour de moi quelques mots d'appro-
bation : « Cet étranger est vraiment un bon
jeune homme. »

Tous les assistants murmurent à voix basse de
longues prières et, de temps à autre, frappent
dans leurs mains pour rappeler autour d'eux les
Esprits distraits. Quelquefois un prêtre se lève,
va tout au fond du temple, monte un précieux
escalier de laque rouge, et salue, là-haut, le plus
grand des miroirs qui pose sur une gerbe de
fleurs d'argent. Alors, tous les autres bonzes
tombent la face contre terre; derrière chacun
d'eux, traînent la queue de sa robe blanche et
les deux pointes de ses manches pagodes; ainsi
aplatis sur le sol, ils ressemblent à de grandes
bêtes ailées, dont on ne comprend plus la struc-
ture. Là-bas, dans la demi-obscurité, on voit
courir sur les étagères, parmi les vases et les
symboles, des petites choses grises, empressées,
furtives, qui sont des rats et des souris.

Et pendant tout l'office, un prêtre, au moyen
d'une bande d'étoffe blanche qui descend d'en
haut, agite une sorte de monstrueux grelot de
cuivre pendu à la voûte; il en sort un bruissement voilé, lointain, inconnu, qui semble le bourdonnement d'une énorme mouche...

X

Très loin de ce temple et de ce faubourg triste,
fonctionnent les théâtres, groupés tous ensemble
dans le quartier le plus central et le plus bruyant
de la ville, au milieu des étalages de laques,
d'étoffes éclatantes et de porcelaines. Ce sont de
très hautes maisons de bois, construites légèrement, comme à faux frais. Elles disparaissent
sous les banderoles multicolores, les papiers
peints, les tableaux encadrés de dorures, les
miroirs : un bariolage de saltimbanque, d'un
goût inférieur. De plus, tout autour, sont plantés
des bambous d'une hauteur démesurée, d'où
pendent des oriflammes qui flottent au vent.

A l'intérieur, des boiseries grossières, un aspect
de foire. Dans des loges de tribune se tiennent

les personnes comme il faut. Par terre, sur des nattes, est assise la foule rieuse des gens communs, avec des centaines de petites boîtes à fumer, de petits réchauds, de petites pipes.

On joue là dedans du matin au soir des drames qui durent jusqu'à huit jours, et d'un réalisme atroce, avec du vrai sang qui coule. A l'orchestre, des gongs, des claque-bois, des guitares, des flûtes; tout cela grince, gémit, détonne, avec une étrangeté inouïe et une tristesse à faire frémir.

Comme chez nous, ce n'est plus guère qu'au théâtre qu'on retrouve encore les splendides costumes, les armures, le luxueux cérémonial des temps passés. Les acteurs déclament du gosier, lentement, distinctement, en chantant presque, avec une monotonie de mélopée. Comme chez nous toujours, il en est pour qui l'on se passionne, et la plupart d'entre eux font payer leur luxe par quelque belle dame qui minaude aux tribunes.

Quant aux actrices, elles ont beau être gentilles, avoir des voix douces, des airs câlins, il ne faut pas s'y laisser prendre : ce ne sont jamais que des hommes, grimés et portant perruque.

Les *planches* sont une plaque tournante, en très grand comme celles des chemins de fer. Une cloison, qui supporte le décor et forme le fond de la scène, est bâtie sur cette plaque et la partage en son milieu, de manière à n'en laisser visible que la moitié. Et quand l'acte est fini, toute la

vaste machine commence avec lenteur, au bruit
des gongs, son mouvement circulaire; alors on
voit tourner et fuir ensemble le décor et le groupe
final subitement immobilisé dans son dernier
geste. Peu à peu la cloison centrale découvre au
public son autre face, à laquelle est accroché le
décor suivant; du même coup, l'autre moitié de
la plaque amène les nouveaux acteurs, tout prêts,
tout posés, servis comme sur un plateau.

Pendant un intermède, je visite les dessous,
les loges d'acteurs, les coulisses. Une vieille dame
noble, magnifiquement parée, a joué son rôle avec
une distinction extrême et de beaux accents de tendresse maternelle. Alors j'ai désiré la voir de près.

Elle me reçoit avec un engageant sourire. Mais
elle est un homme, naturellement, une espèce
de mauvais drôle d'un âge ambigu, qui, pour
changer de costume pendant cet entr'acte, étale
la laideur de son corps jaune, s'est mis nu comme
un sauvage, gardant toutefois son chignon
monumental piqué d'épingles et sa figure de
vieille dame...

En passant dans la rue, si l'on entend sortir
d'une maison un bruit de guitares jouant en
fièvre comme les czardas hongroises, on peut
entrer pour voir : c'est un entrepôt de *guéchas*
(musiciennes et danseuses de profession) qui se
louent le soir pour les dîners et les fêtes. Presque

toutes sont jolies, fines, distinguées, nerveuses, avec des mains exquises. On les a triées dès l'enfance parmi les bébés les plus réussis ; c'est ensuite à Yeddo, au *collège des guéchas*, qu'elles ont été formées, comme au Conservatoire. De très bonne heure on les a dressées à n'être qu'un objet de luxe et de plaisir. Elles font toutes les danses que l'on veut, gracieuses, mystiques, obscènes ou terribles, à visage découvert ou avec des masques. Il y en a parmi elles qui ont bien dix ans à peine, très charmantes petites poupées sans âme, caressantes comme des chattes, drôlement costumées, drôlement peintes, sentant bon, ayant des amours de petites mains frêles.

XI

Dans Kioto la ville sainte, l'étonnement des étonnements, pour moi, c'est le temple des *Trente-trois Coudées*[1] ou *Temple des Mille Dieux*, conçu il y a huit siècles par je ne sais plus quel mystique en délire, qui avait entre les mains de prodigieux moyens d'exécution. Celui-là ne ressemble à aucun autre : ni autels, ni brûle-parfums, ni enceintes sacrées; dix étages de gradins de deux ou trois cents mètres de long, quelque chose comme une gigantesque tribune de courses sur laquelle une légion de dieux sortis de tous les sanctuaires, de tous les empyrées, seraient venus

1. Le Temple des Trente-trois Coudées, parce que ses colonnes sont espacées les unes des autres de trente-trois coudées.

se ranger pour assister à quelque spectacle apocalyptique, à quelque écroulement de mondes.

Au centre, dans la loge d'honneur, sur une fleur de lotus d'or épanouie, large comme la base d'une tour, trône un colossal Bouddha d'or, en avant d'un nimbe d'or qui se déploie derrière lui comme la queue étalée d'un paon monstrueux. Il est entouré, gardé, par une vingtaine d'épouvantails ayant la forme humaine agrandie et paraissant tenir à la fois du diable et du cadavre. Quand on entre par la porte centrale, qui est basse et sournoise, on recule en voyant, presque devant soi, ces personnages de cauchemar. Ils occupent tous les gradins inférieurs de la loge ; ils descendent menaçants jusqu'en bas.

Ils lèvent les bras, ils font des gestes de fureur avec des mains crispées ; ils grincent des dents, ils ouvrent des bouches sans lèvres, roulent des yeux sans paupières, avec une expression intense et horrible. Leurs veines et leurs nerfs, mis à nu, courent sur leurs membres qui sont dessinés avec une vérité anatomique frappante. Ils sont peints en rouge saignant, en bleuâtre, en verdâtre, comme des écorchés ou des morts, en toutes les teintes de la chair au vif ou de la pourriture. Vers l'an 1000 de notre ère, alors que nous en étions, nous, aux saints naïfs des églises romanes, le Japon avait déjà des artistes capables d'enfanter ces hideurs raffinées et savantes.

De chaque côté de cette grande loge centrale, s'étendent les gradins des mille dieux, cinq cents à droite, cinq cents à gauche, debout et alignés, étagés sur dix rangs et occupant autant d'espace qu'un corps d'armée. Tous pareils, dans une symétrie interminable; de taille surhumaine, étincelants d'or de la tête aux pieds, et ayant chacun quarante bras. De toutes les hautes coiffures entourées d'auréoles, s'élancent les mêmes rayons d'or; les mêmes vêtements d'or serrent étroitement tous les reins avec une rigidité égyptienne. Chacun d'eux sourit doucement du même mystérieux sourire, et tient six ou huit de ses mains jointes dans l'attitude calme de la prière, tandis que ses autres paires de bras, déployées en éventail, brandissent en l'air des lances, des flèches, des têtes de morts, des symboles inconnus.

Dans la pénombre de leur demeure, ils sourient, les dieux, regardant tous du même côté, au fond des régions qui n'existent pas, attendant toujours, avec la patience des éternels, ce prodigieux spectacle pour lequel ils se sont sans doute rassemblés. Leur armée immobile resplendit tranquillement jusque dans les lointains du temple, toute hérissée de piques, de rayons et de nimbes d'or.

Et à la fin, c'est une fatigue et une obsession de penser que ces attentes, ces sourires, l'éclat de cette magnificence dorée, — et les gesticulements forcenés des autres, les horribles du milieu, — tout cela dure depuis des heures, depuis des jours, depuis des saisons, des années et des siècles, depuis l'an mil!

Derrière le temple, un long enclos est consacré, de temps immémorial, au tir à l'arc. Aujourd'hui encore, quelques hommes sont là, bras nus, s'exerçant à cet art noble des anciens seigneurs. Ils lancent leurs flèches sur des buts très éloignés, qui sont des écrans blancs; c'est comme une scène du passé.

Kalakawa me fait remarquer ces massives boiseries du temple où sont restés piqués des milliers de tronçons de flèches; les grosses solives débordant de la toiture servaient de but aux seigneurs passés; quelques-unes sont tellement criblées de ces tronçons blanchâtres, amoncelés là depuis des siècles, que ce n'est plus vraisemblable : on croirait voir en l'air des porcs-épics, sortant de dessous la charpente en manière de gargouilles.

XII

C'est le soir, déjà un peu au crépuscule, que je
me dirige vers la gare pour partir, traîné toujours
par les mêmes fidèles coureurs. Mais une seconde
djin-richi-cha suit la mienne, portant, dans des
caisses, de vieilles choses extraordinaires, surtout
des choses religieuses que j'ai ramassées çà et là
sous la poussière des bric-à-brac, aux environs
des temples.

Mon plus grand embarras est un bouquet de
grands lotus bouddhiques en bois doré, acheté à
la dernière heure, et que je tiens à la main par
les tiges comme on porterait des fleurs véritables.
Mes *djin* m'ont promis de rencontrer en route un
emballeur pour ce bouquet-là; mais je m'inquiète,
car nous roulons déjà dans les rues plus pauvres

et plus désertes du faubourg qui avoisine le chemin de fer.

Tout à coup, Kalakawa pousse un cri d'oiseau, auquel mon petit char s'arrête net, avec un soubresaut très dur; au fond d'une échoppe encombrée de planchettes de sapin, il vient d'apercevoir le bonhomme qu'il me faut.

Alors je me présente là dedans, tenant toujours en main ces grands lotus. Un vieux Nippon se précipite, empressé, avec des révérences, qui prend mes fleurs, les compte, les mesure, combine de rapides calculs; ça va me coûter douze sous pour la caisse : de plus, il faudra au moins trois autres sous pour l'ouate, ce qui fera bien quinze !

Et il me regarde, anxieux, se demandant si je ne vais pas me révolter de ce vol exorbitant. Mon Dieu, non ; je suis même tellement satisfait de la rencontre de ce bonhomme que j'accepte d'un air gracieux, en recommandant de faire au plus vite. Alors c'est une joie dans toute la famille ; pendant que la chose se scie, se cloue, se confectionne au moyen de petits instruments primitifs avec une prestesse de singe, on m'apporte des coussins pour m'asseoir, une tasse de thé, et les deux tout petits *mouskos*[1] de la maison, qui sont des bébés joyeux, jolis et propres. En même temps, dans la rue, un rassemblement de *mousmés* s'est formé

---

1. *Mousko*, petit garçon. *Mousmé*, jeune fille.

pour me voir. D'abord elles font mine de se cacher en riant chaque fois que leurs yeux rencontrent ceux de l'étranger qui les regarde; ensuite, très vite apprivoisées, elles se rapprochent et commencent à questionner : si je suis Français ou Anglais, quel est mon âge, ce que je suis venu faire tout seul, et ce que j'emporte dans mes caisses?

Un étonnement me vient tout à coup de pouvoir entendre ce qu'elles me disent, et de savoir, sans trop chercher, faire des réponses qu'elles comprennent; c'est encore si récent, si peu classé dans ma tête, ce Japon et ce langage japonais; il y a six mois à peine, c'était un recoin de la terre (le dernier, je crois bien) où les hasards de ma vie ne m'avaient pas conduit, un pays que j'ignorais. Et je ne reconnais plus le son de ma voix dans ces mots nouveaux que je prononce, il me semble n'être plus moi-même.

Ce soir, je les trouve presque jolies, ces *mousmés;* c'est sans doute que déjà je m'habitue à ces visages d'extrême Asie. C'est surtout qu'elles sont très jeunes, des petites figures aux traits vagues, comme inachevées, et au Japon le charme de la première jeunesse, de l'enfance, n'est pas contestable. Seulement cette fleur mystérieuse du commencement de la vie se fane plus vite qu'ailleurs; avec les années tout de suite cela se décompose, grimace, tourne au vieux singe.

Elles forment un groupe à peindre, les *mous-més*, avec leurs petites tournures un peu précieuses, les couleurs fraîches et heurtées de leurs costumes, et leurs larges ceintures nouées en coques bouffantes. La nuit tombe tout à fait, et le temps s'est voilé de gris avec un air d'hiver; dans l'encadrement sombre de la porte, elles apparaissent très éclairées; tout ce qui reste de lumière s'est concentré sur elles, bizarrement. Au delà de leurs têtes, on voit fuir la petite rue déserte; ses maisonnettes de bois noirâtre découpent, en séries de festons et de pointes, leurs toitures débordantes sur le gris crépusculaire de ce ciel où des chauves-souris passent. Au moment de quitter cette ville où je ne reviendrai certainement jamais, une mélancolie m'arrive je ne sais d'où, avec la conscience d'être si seul et d'être si loin.

C'est déjà fini, l'emballage habile de ce vieux. Alors je paye, je dis à la ronde un *sayanara* (adieu) pour l'éternité, et nous recommençons à courir, emportant la nouvelle caisse des lotus d'or.

Il était écrit sans doute que je n'en finirais pas avec ce Kioto; voici, au détour d'une rue, dans le clair-obscur, une physionomie tellement attirante que, d'un coup d'éventail dans le dos d'Hamanichi mon premier *djin*, j'arrête encore mes équipages.

J'ai été absolument captivé : une fascination, un coup de foudre, tout de suite j'ai senti que nos destinées étaient unies pour jamais. C'est, à la porte d'un marchand d'objets de piété, un dieu de grande taille humaine assis les jambes croisées ; un très vieux dieu Amiddah, à six bras, cinq yeux ; gesticulant, ricanant, féroce ; un dieu d'une espèce rare sur les marchés, une vraie trouvaille. Justement celui-ci est dans des prix doux, que je ferai rabattre encore de moitié ; c'est décidé, je l'emmène. Alors on s'agite, me voyant si pressé ; on va confectionner à la hâte une caisse énorme et procéder à la mise en bière. Non, pas du tout, je suis déjà en retard, nous manquerions le train ; j'appelle tout simplement une troisième *djin-richi-cha*, où le dieu prend place comme une personne naturelle. Nous repartons ventre à terre, ayant maintenant six *djin* qui poussent des cris, et les Nippons s'ébahissent en route de voir cet Amiddah qui fuit en voiture, enlevé par un Européen.

Quelques contestations avec les employés de la gare, que surprend ce colis imprévu, moitié voyageur, moitié bagage. On finit par s'entendre, et on l'assied comme un homme sur des malles, en me promettant de veiller sur lui tout le long du chemin.

Nous arrivons par un train de minuit à Kobé, où un canot de mon bateau doit m'attendre au quai, à l'heure convenue. Même cortège qu'à Kioto : une voiture pour moi, une seconde pour le dieu, une troisième pour nos bagages. Comme au départ, il faut traverser certain quartier indicible, où nos matelots sont en plein dans leur fête joyeuse. Ceux de mon bord me reconnaissent, malgré mon costume inusité : « Ah! voilà le capitaine de manœuvre qui revient de son voyage! » et ils m'ôtent leur bonnet. Mais ce compagnon que je ramène, rouge comme le diable, avec son geste multiple, son air féroce qui saute aux yeux, même la nuit, qui ça peut-il bien être? Étant déjà un peu gris, ils ne comprennent vraiment pas du tout.

D'autant moins que nous passons très vite, nos *djin* courant à toutes jambes vers la mer...

UN BAL A YEDDO

A Madame Alphonse Daudet.

> *Le ministre des affaires étrangères et
> la comtesse Sodeska ont l'honneur de
> vous prier de venir passer la soirée au
> Rokou-Meïkan, à l'occasion de la nais-
> sance de S. M. l'Empereur.*
> *On dansera.*

Cela est gravé en français, sur un élégant carton
à coins dorés qui m'arrive par la poste, un jour
de novembre, en rade de Yokohama. Au revers,
il y a cette indication ajoutée à la main d'une cou-
rante écriture anglaise : *Un train spécial pour le
retour partira de la gare de Shibachi, à une heure
du matin.*

Moi, qui suis depuis deux jours seulement dans
ce Yokohama cosmopolite, je retourne avec un

certain étonnement ce petit carton dans mes doigts : j'avoue qu'il confond toutes les notions de japonerie que mon séjour à Nagasaki m'avait données. Ce bal européanisé, ce grand monde de Yeddo en habit noir et en toilette parisienne, je ne me représente pas cela très bien...

Et puis, au premier abord, cette *comtesse* (de même que ces différentes *marquises* aux noms étranges que j'ai vues mentionnées hier dans une chronique élégante du pays) me fait sourire.

Après tout, pourquoi? Elles descendent de familles seigneuriales, ces femmes ; elles n'ont fait que changer leur titre japonais contre une équivalente couronne française ; l'éducation et l'affinement aristocratiques n'en sont pas moins réels et héréditaires. Il se peut même qu'il faille remonter beaucoup plus loin que nos croisades pour trouver les origines de ces noblesses-là, perdues dans les annales d'un peuple si vieux...

Le soir de ce bal, il y a foule à la gare de Yokohama, au départ de huit heures trente. Toute la colonie européenne est sur pied, en toilette parée, pour répondre à l'invitation de cette *comtesse*. Les messieurs en claque ; les dames encapuchonnées de dentelles et relevant de longues traînes claires sous des pelisses de fourrures : et ces invités, dans des salles d'attente pareilles aux nôtres, s'abordent en français, en anglais, en alle-

mand. Tout ce qu'il y a de moins japonais, ce
départ de huit heures trente.

Une heure de route, et ce train de bal s'arrête
à Yeddo.

Ici, c'est une autre surprise. Est-ce que nous
arrivons à Londres, ou à Melbourne, ou à New-
York? Autour de la gare se dressent de hautes
maisons en brique, d'une laideur américaine. Des
alignements de becs de gaz laissent deviner au
loin de longues rues bien droites. L'air froid est
tout rayé de fils télégraphiques et, dans diverses
directions, des tramways partent avec des bruits
connus de timbres et de sifflets.

Cependant une nuée de bonshommes étranges,
tout de noir vêtus, qui avaient l'air de nous
guetter, se précipitent à notre rencontre : ce
sont les *djin-richi-san*, les hommes-chevaux, les
hommes-coureurs. Ils s'abattent sur nous comme
un vol de corbeaux, la place en est obscurcie;
chacun traînant derrière lui son petit char, ils
bondissent, crient, se bousculent, nous barrant le
passage comme une armée de diablotins en gaieté.
Ils portent la culotte collante, dessinant les cuisses
comme un maillot; veste collante aussi, courte, à
manches pagodes; chaussures d'étoffe, à orteil
séparé se relevant en pouce de singe; au milieu
de leur dos, une inscription en grandes lettres
chinoises blanches tranche sur tout ce noir du

costume comme une devise funéraire sur un catafalque. Avec des gestes macaques, ils se tapotent
sur les jarrets, pour nous faire admirer combien
les muscles en sont durs; nous tirant par les bras,
par les manteaux, par les jambes, ils se disputent
nos personnes avec violence.

Il y a bien quelques équipages aussi, qui attendent les dames officielles des légations. Mais la
foule s'en écarte avec crainte, comme de systèmes
de locomotion nouveaux, un peu risqués; on en
tient les chevaux à deux mains comme des bêtes
dangereuses.

Nous sautons presque tous dans les petits chars
à une place que ces coureurs nous offrent; inutile
de leur dire où il faut nous mener : au Rokou-
Meïkan, cela va de soi; et ils partent comme des
fous, sans attendre nos ordres. Chaque belle
invitée, à peine assise sur son siège étroit, avec
sa robe de bal relevée sur les genoux, est
entraînée séparément, à toutes jambes, par son
coureur de louage. Le mari ou le monsieur pro-
tecteur qui l'accompagnait, monté sur un petit
char pareil, est entraîné de son côté, à une allure
différente. Nous roulons tous dans la même direction, c'est la seule chose rassurante pour les
dames seules que ces diablotins emportent; mais
cela ressemble à une espèce de débandade échevelée, où il n'y a plus ni familles ni groupes.

Nous nous poursuivons, nous nous dépassons

les uns les autres, avec des vitesses inégales et des soubresauts. Nos coureurs poussent des cris et s'emballent. Nous sommes très nombreux, un long cortège affolé; on a multiplié les invitations pour ce bal, où, bien entendu pourtant, le Mikado et encore moins son invisible épouse ne doivent paraître; il y aura par exemple tout le grand monde nippon, et je suis très curieux de ces *comtesses* et de ces *marquises* que je vais voir là pour la première fois, et en décolleté de soirée.

Trois quarts d'heure environ cette course dure, dans des quartiers de banlieue peu éclairés et solitaires. Autour de nous, cela ne ressemble plus à la place de la gare; c'est bien du vrai Japon qui défile maintenant très vite, de chaque côté de ces rues ou de ces routes, dans la nuit noire : maisonnettes de papier, pagodes sombres; échoppes drôles, lanternes saugrenues jetant de loin en loin dans l'obscurité un petit feu de couleur.

Enfin, enfin, nous arrivons. A la file, nos chars passent sous un portique ancien dont la toiture se retrousse par les pointes, à la chinoise; nous voici en pleine lumière, au milieu d'une sorte de fête vénitienne, au milieu d'un jardin prétentieux où d'innombrables bougies brûlent dans des ballons de papier sur des girandoles et, devant nous, se dresse le Rokou-Meïkan, très illuminé, ayant des cordons de gaz à chaque corniche, jetant des feux par chacune de ses fenêtres, éclairant comme une maison transparente.

Eh bien, il n'est pas beau, le Rokou-Meïkan. Bâti à l'européenne, tout frais, tout blanc, tout neuf, il ressemble, mon Dieu, au casino d'une de nos villes de bains quelconque, et vraiment on pourrait se croire n'importe où, à Yeddo excepté... Cependant de grandes banderoles étranges, aux armes du Mikado, flottent légèrement alentour; maintenues par des cordes invisibles, très éclairées sur le fond sombre du ciel par les mille lumières d'en bas, elles sont de crépon violet (la couleur impériale), semées de ces larges chrysanthèmes héraldiques qui, au Japon, équivalent à nos fleurs de lis. Et puis il y a une note bizarre, donnée aussi par ces arrivées à toutes jambes de coureurs essoufflés, jetant de minute en minute sur le perron d'entrée un danseur isolé, une danseuse toute seule. Singulier bal où chaque invité, au lieu de se rendre en voiture, est amené dans une brouette, par un diablotin noir.

Dans les vestibules, où le gaz flambloie, s'empressent des valets en habit noir, assez correctement cravatés, mais ayant de drôles de petites figures jaunâtres presque sans yeux.

Les salons sont au premier étage, et on y monte par un large escalier que borde une triple haie de chrysanthèmes japonais dont rien ne peut donner l'idée dans nos parterres d'automne : une haie blanche, une haie jaune, une haie rose. Dans la haie rose, qui couvre la muraille, les chrysanthèmes sont grands comme des arbres, et leurs fleurs sont larges comme des soleils. La haie jaune, placée en avant, est moins haute, et fleurie par grosses touffes, par gros bouquets d'une éclatante couleur bouton d'or. Et enfin, la haie blanche, la dernière, la plus basse, fait comme un parterre tout le long des marches, comme un cordon de belles houppes neigeuses.

En haut de cet escalier, quatre personnages — les maîtres de céans — attendent, avec des sourires, les invités à leur entrée dans les salons. Je prête peu d'attention à un monsieur en cravate blanche, décoré de plusieurs ordres, qui est le ministre sans doute ; tandis que je regarde curieusement tout de suite les trois femmes, qui se tiennent debout auprès de lui, la première surtout qui doit être évidemment la « comtesse ».

En chemin de fer, tout à l'heure, on m'a dit son histoire, à cette dame : une ancienne *guécha* (danseuse de louage pour les fêtes nippones) ayant su tourner la tête à un diplomate en voie de passer ministre, s'étant fait épouser, et chargée maintenant de faire les honneurs de Yeddo au monde officiel des légations étrangères.

J'attendais donc une créature bizarre, portant toilette à la chien savant... et je m'arrête surpris

devant une personne au visage distingué et fin,
gantée jusqu'à l'épaule, irréprochablement coiffée
en femme comme il faut; âge indéfinissable,
embrouillé de poudre de riz; longue traîne en
satin d'un lilas très pâle, très discret, ornée de
guirlandes de petites fleurs naturelles des bois,
d'une nuance délicieusement assortie; corsage
formant gaine effilée et couvert d'une broderie
rigide en perles changeantes : toilette en somme
qui serait de mise à Paris et qui est vraiment bien
portée par cette étonnante parvenue. — Alors, je
la prends au sérieux et lui adresse un salut correct. — Le sien, correct aussi, est gracieux surtout, et elle me tend la main, à l'américaine, avec
une aisance de si bon aloi que je me sens tout à
fait conquis.

Rapidement j'inspecte les deux autres femmes
au passage. D'abord une mignonne petite, tout
en *rose mourant*, avec des camélias relevant la
traîne. Et puis la dernière du groupe, sur laquelle
mes yeux se seraient attardés bien volontiers, c'est
la *marquise Arimasen*, jeune personne d'antique
noblesse, mariée au *grand maître des cérémonies
de S. M. l'Empereur :* cheveux de jais noir, relevés
très haut en un chignon à la clown, suivant la
mode de cet hiver-là; jolis yeux de velours, air
de petite chatte adorable; toilette Louis XV en
satin ivoire. C'est d'un effet inattendu, cet alliage
de Japon et de XVIIIe siècle français, ce gentil

minois d'extrême Asie portant jupe à paniers et corsage en pointe longue, comme à Trianon.

Oh! très bien, mesdames; mes compliments sincères à toutes les trois! très amusantes les attitudes, et très réussis les déguisements.

Encore des vases d'où s'élancent de gigantesques chrysanthèmes, et puis, derrière ces dames, entre des pavillons japonais en trophées, le salon central s'ouvre tout grand, presque vide — entouré de banquettes, sur lesquelles de rares invités sont assis, avec des maintiens guindés de personnes habituées à s'accroupir par terre. A droite et à gauche, entre des colonnades ouvertes, apparaissent d'autres salons latéraux, un peu plus peuplés, où s'agitent déjà des toilettes, des uniformes; — et deux orchestres complets, l'un français, l'autre allemand, dissimulés dans des coins, exécutent d'irrésistibles contredanses, tirées de nos opérettes les plus connues.

Ils sont vastes, ces salons, mais médiocres, il faut en convenir : une décoration de casino de second ordre. Du lustre partent en rayonnant des guirlandes de feuillages et de lanternes en papier; tandis que sur les murs sont drapés des crépons impériaux violets à grands chrysanthèmes héraldiques blancs, ou des drapeaux chinois jaunes ou verts à dragons horribles. Et ces tentures contrastent avec la banalité des lanternes vénitiennes,

de toutes les franfreluches pendues au plafond,
donnent le sentiment d'une Chine ou d'un Japon
qui seraient en goguette, en fête de barrière.

Un peu trop dorés, trop chamarrés, ces innombrables messieurs japonais, ministres, amiraux,
officiers ou fonctionnaires quelconques en tenue
de gala. Vaguement ils me rappellent certain
général Boum qui eut son heure de célébrité jadis.
Et puis, l'habit à queue, déjà si laid pour nous,
comme ils le portent singulièrement! Ils n'ont pas
des dos construits pour ces sortes de choses, sans
doute; impossible de dire en quoi cela réside,
mais je leur trouve à tous, et toujours, je ne sais
quelle très proche ressemblance de singe.

Oh! et ces femmes!... Jeunes filles à marier sur
les banquettes, ou mamans rangées en tapisserie
le long des murs, toutes sont plus ou moins étonnantes à voir en détail. Qu'y a-t-il en elles qui ne
va pas? On cherche, on ne peut trop définir :
vertugadins excessifs, peut-être, ou insuffisants,
posés trop haut ou trop bas, et corsets d'un galbe
inconnu. Pas de figures communes ni grossières
cependant, des mains fort petites et des toilettes
venues tout droit de Paris... Non, mais elles sont
étranges malgré tout, elles sont invraisemblables
au dernier point, avec le sourire de leurs yeux
bridés, leurs pieds tournés en dedans et leur nez
plat. Évidemment on nous a montré tout à l'heure

à la porte ce qu'il y avait de mieux dans le genre, les grandes élégantes de la capitale, les seules sachant déjà porter nos tenues d'Europe.

A dix heures, entrée de l'ambassade du Céleste-Empire : une douzaine de personnages superbes, aux yeux moqueurs, dépassant de la tête toute cette minuscule foule japonaise. Chinois de la belle race du Nord, ils ont dans leur démarche, sous leurs soies éclatantes, une grâce très noble. Et puis ils font preuve de bon goût, ceux-ci, et de dignité, en conservant leur costume national, leur longue robe magnifiquement brochée et brodée, leur rude moustache retombante et leur queue. Avec des sourires contenus, tout en jouant de l'éventail, ils font le tour de ces salons et de cette mascarade, puis s'en vont, dédaigneux, s'isoler en plein air, s'asseoir sur une terrasse à balcon qui domine le jardin illuminé, la fête vénitienne.

Dix heures et demie : entrée des princesses du sang et des dames de la cour. Par exemple, c'est une entrée surprenante, celle-ci, autant qu'une apparition de gens d'un autre monde, de gens tombant de la lune ou bien de quelque époque perdue du passé.

C'est pendant une pastourelle, sur un air de *Giroflé-Girofla;* on voit apparaître deux groupes de petites femmes, petites, petites, pâlottes et de sang épuisé, s'avançant avec des airs de fées lilli-

putiennes, ayant des vêtements inouïs et des coiffures qui leur font d'énormes têtes de sphinx. Ces
costumes qu'elles portent, on ne les a jamais vus
nulle part, ni dans les rues d'aucune ville japonaise, ni sur les écrans, ni sur les images; ils
sont, paraît-il, de tradition immémoriale pour la
cour et ne se montrent point ailleurs.

Babouches de Cendrillon, d'un rouge merveilleux; pantalons de soie écarlate, larges, bouffants,
s'élargissant par le bas d'une manière démesurée
et se tenant tout debout, leur faisant à chaque
jambe comme une jupe à crinoline dans laquelle
leur marche s'entrave avec de grands frou-frous.
Par là-dessus, une espèce de camail à la prêtre,
blanc ou gris perle, semé de rosaces noires;
l'étoffe en est magnifique, lourde, et d'une excessive rigidité de brocart. Tout le vêtement tombe,
d'un seul pli raide, depuis le cou très mince
jusqu'à la base très large de ces femmes-idoles;
leurs petits corps mièvres, leurs petites épaules
fuyantes, qui sont probablement dessous, ne se
devinent à aucun contour; et leurs petits bras,
leurs petites mains frêles, sont perdus dans de
longues manches pagodes qui descendent de droite
et de gauche, tout d'une pièce, comme des cornets renversés. (Vues de près, ces rosaces noires,
semées sur ces camails clairs, représentent des
monstres, des oiseaux, des feuillages arrangés en
rond; elles varient pour chaque personne, et sont

le blason familial, les armes de la noble dame.)
Ce qu'il y a de plus inimaginable chez ces femmes,
assurément c'est la coiffure. Les beaux cheveux
noirs, lissés, gommés, étalés sur je ne sais quelle
charpente intérieure, s'éploient autour du petit
visage jaune et mort, comme une large roue de
paon, comme un large éventail; puis toute la
masse soyeuse se replie brusquement, avec une
cassure de bonnet égyptien, retombe à plat sur la
nuque, et s'amincit en catogan, finit en queue. Il
en résulte des têtes tout en largeur, comme les
corps; cela accentue davantage l'écrasement des
profils, de même que ces vêtements raides exagèrent le manque de saillie des hanches et des
poitrines. On dirait des personnes échappées
d'entre les feuillets de quelque vieux livre, où on
les aurait conservées pendant des siècles, en les
aplatissant comme des fleurs rares dans un her-
bier. Laides peut-être, — encore n'en suis-je pas
sûr, — laides, mais souverainement distinguées, et
ayant un charme malgré tout. L'air assez mépri-
sant pour cette fête qui tourbillonne autour d'elles,
gardant un sourire énigmatique dans leurs yeux à
peine ouverts, toutes vont s'asseoir ensemble à
l'écart, dans un des salons latéraux, et forment, au
milieu de ce bal, un groupe d'aspect mystérieux.

Des officiers japonais fort civils nous font les
honneurs de leur pays, nous mettent en relation

avec plusieurs danseuses, leurs parentes ou leurs amies : — *Permettez-moi de vous présenter à mademoiselle Arimaska, — ou Kounitchiwa, — ou Karakamoko, la fille d'un de nos plus vaillants officiers d'artillerie, — ou la sœur d'un de nos ingénieurs les plus distingués* (sic). — Ces demoiselles Arimaska, ou Kounitchiwa, ou Karakamoko, sont en robe de gaze blanche, ou rose, ou bleue, mais ont toutes la même figure : un petit minois comique de chatte, bien rond, bien aplati, avec des yeux bien retroussés en amande qu'elles roulent de droite et de gauche sous des cils chastement baissés. Au lieu de ce fagotage et de ce bon maintien, elles seraient si mignonnes en Japonaises, en *mousmés*, avec des éclats de rire!

Elles tiennent à la main d'élégants carnets de bal, nacre ou ivoire, sur lesquels je m'inscris gravement pour des valses, des polkas, des mazurkas, des lanciers. Mais comment les reconnaîtrai-je, les demoiselles Arimaska des demoiselles Karakamoko, et les Karakamoko des Kounitchiwa, quand il sera temps de venir les prendre, aux premières mesures de la danse promise? Cela m'inquiète beaucoup, tant elles se ressemblent toutes; vraiment je vais être très embarrassé tout à l'heure au milieu de cette uniformité de minois...

Elles dansent assez correctement, mes Nippones en robe parisienne. Mais on sent que c'est une chose *apprise;* qu'elles font cela comme des automates, sans la moindre initiative personnelle. Si par hasard la mesure est perdue, il faut les arrêter et les faire repartir; d'elles-mêmes, elles ne la rattraperaient jamais et continueraient de danser à contretemps. Cela s'explique assez bien, du reste, par la différence radicale entre nos musiques, entre nos rythmes et les leurs.

Leurs petites mains sont adorables sous les longs gants clairs. C'est que ce ne sont point des sauvagesses qu'on a déguisées là; bien au contraire, ces femmes appartiennent à une civilisation beaucoup plus ancienne que la nôtre et d'un raffinement excessif.

Leurs pieds, par exemple, sont moins réussis. D'eux-mêmes ils se retournent en dedans, à la vieille mode élégante du Japon; et puis ils gardent je ne sais quelle lourdeur, de l'habitude héréditaire de traîner les hautes chaussures de bois.

On danse avec un semblant d'entrain, et le plancher de la grande bâtisse légère tremble en cadence d'une manière inquiétante; on a tout le temps présente à l'esprit quelque dégringolade possible et formidable sur la tête des messieurs qui sont dans les salons du rez-de-chaussée fumant des londrès ou jouant au whist pour se donner un air européen.

Une de mes impressions inattendues est d'entendre des mots japonais sortir de la bouche de ces danseuses modernisées. Jusqu'ici, je n'avais employé cette langue qu'à Nagasaki, avec des petits bourgeois, des marchands, des gens du peuple, tous en longue robe de magot. Avec ces femmes en toilette de bal, je ne trouve plus mes expressions.

Afin de me mettre à la hauteur, j'essaie d'employer les formes élégantes et les conjugaisons honorifiques en *dégosarimas*. (Pour les gens de belles manières, il est d'usage, entre autres préciosités, d'intercaler *dégosarimas* au milieu de chaque verbe après le radical et avant la désinence : c'est d'un effet bien plus pompeux que notre misérable imparfait du subjonctif français.) Et ici, naturellement, ce *dégosarimas*, on l'entend partout; — il est la dominante des conversations si extraordinairement polies qui bourdonnent dans ce bal, avec des ris légers.

Mon japonais les étonne; elles n'ont pas coutume d'entendre les officiers étrangers s'essayer à parler leur langue, et elles mettent à me comprendre toute la bonne volonté possible.

La plus gentille de mes danseuses est une petite personne en rose éteint avec bouquets pompadour, — quinze ans au plus, — *la fille d'un de nos plus brillants officiers du génie* (une demoiselle Miogonitchi ou une Karakamoko, je ne sais plus bien). Encore très bébé, et sautant de tout son cœur, fort distinguée dans son enfantillage, elle serait vraiment jolie si elle était mieux ajustée, s'il ne manquait à sa toilette le je ne sais quoi indéfinissable. Elle me comprend très bien, celle-ci, et corrige avec un charmant petit sourire, chaque fois que je fais quelque énorme faute en *dégosarimas*.

Quand finit la valse du *Beau Danube bleu* que nous dansions ensemble, je m'inscris sur son carnet pour deux valses suivantes : au Japon cela peut se faire.

Au rez-de-chaussée, en plus des fumoirs, des salons de jeu, des vestibules ornés d'arbustes nains et de gigantesques chrysanthèmes, il y a trois grands buffets fort bien servis, — et on y descend de temps à autre par l'escalier que borde la belle haie triple de fleurs blanches, jaunes et roses. Sur les tables couvertes d'argenterie et de pièces montées, gibiers truffés, pâtés, saumons, sandwichs, glaces, tout se trouve en abondance comme dans un bal parisien bien ordonné; des fruits d'Amérique et du Niphon sont rangés en pyramides dans d'élégantes corbeilles, et le champagne est des meilleures marques.

La préciosité japonaise se rappelle, dans ces buffets, par des bosquets de poupée, en treillage doré avec pampres artificiels, où sont accrochés d'excellents raisins : on en détache soi-même les grappes que l'on désire offrir à sa danseuse, et ces

petites vendanges à la **Watteau** sont du dernier
galant.

Bien qu'on m'ait prévenu que c'est une chose
contraire à toute étiquette, absolument inadmis-
sible, après avoir dansé avec tant de Nippones en
robe française, je m'en vais là-bas, vers le groupe
un peu hiératique dont l'étrangeté m'attire,
inviter une belle mystérieuse en vieux costume
de cour.

Devant l'air un peu moqueur de la dame qui me
regarde approcher, me défiant de mon japonais
détestable, je fais ma demande en français très
pur. Elle ne comprend pas, naturellement; ne
devine même pas, tant c'est inattendu, — et, des
yeux, en appelle une autre, assise derrière elle,
qui du reste s'était levée d'elle-même en voyant le
commencement de ce colloque sans présentation,
comme pour y mettre bon ordre. Et celle-ci,
debout maintenant, sa forme de femme perdue
dans son vêtement rigide à grandes rosaces
blasonnées, fixe sur moi de jolis yeux intelligents, subitement élargis comme au sortir d'une
espèce de sommeil, et très éveillés, très noirs :

— Monsieur? dit-elle en français, avec un
accent d'une distinction bizarre, — monsieur? que
lui demandez-vous?

— L'honneur de danser avec elle, madame.

Brusquement ses sourcils minces remontent

très haut; en une seconde, toutes les nuances de
la surprise passent dans son regard, et puis elle
penche vers l'autre le large écran noir de sa tête
et lui traduit l'étonnante chose que j'ai demandée.
— Sourires, — et leurs deux paires d'yeux
étranges se relèvent vers moi. Très gracieuse, très
gentille malgré mon audace, celle qui parle français me remercie, expliquant que sa compagne,
pas plus qu'elle-même, ne sait nos danses nouvelles. C'est probablement la vérité; mais cette
raison n'est pas la seule : le décorum s'y oppose
complètement, je le savais. Je le conçois d'ailleurs, car je me figure tout à coup ce camail de
prêtre, cette tête énorme, ce catogan, s'avançant
en dame seule dans une contredanse sur un
air guilleret d'Offenbach, et cette vision rapide
me fait rire en moi-même comme une extrême
incohérence...

Il ne me reste qu'à m'incliner profondément,
en salut de cour. Les deux larges écrans de cheveux noirs s'inclinent aussi, avec de bienveillants
sourires, avec des frou-frous de soie, — et je me
retire sur cette défaite, regrettant de ne pouvoir
continuer la conversation avec la dame interprète
dont le son de voix et l'expression d'yeux m'ont
charmé.

Les danses se succèdent, les quadrilles français
alternant avec les valses allemandes. Et le temps

du bal s'écoule vite; la fin approche, car on se retirera de bonne heure.

Çà et là, dans les coins, des choses comiques se passent. Ici, deux officiers généraux, claque sous le bras et pantalon à bande d'or, s'abordent et s'oublient jusqu'à se saluer à la japonaise, les mains sur les genoux, le corps plié en deux, avec le sifflement spécial qu'il est d'usage de faire du bout des lèvres dans ces occasions-là. Ou bien deux élégantes toilettes un peu Louis XV, à long buste, qui sont en train de se *dégosarimasser* des compliments sans fin, se font après chaque phrase des révérences qui s'accentuent de plus en plus, jusqu'à devenir le plongeon du vieux style.

Étonnées, égarées, rôdant au milieu des salons avec des allures de linottes effarouchées mais rieuses quand même, il y a deux ou trois petites Nippones, vraies *mousmés*, encore en costume national; — non pas dans le rigide costume de cour, mais dans le costume ordinaire, celui qu'on a vu partout sur les potiches et les éventails : tunique ouverte à manches pagodes, coiffure en grandes coques, sandales de paille et chaussettes à orteil séparé. Très mignonnes, celles-ci, jetant une jolie drôlerie exotique dans l'ensemble de cette immense farce officielle.

Minuit et demi. C'est ma troisième et dernière valse avec ma petite danseuse à bouquets pompadour, *fille d'un de nos plus brillants officiers du génie*.

Vraiment elle est tout à fait habillée comme une jeune fille à marier de notre pays (un peu provinciale, il est vrai, de Carpentras ou de Landerneau) et elle sait manger proprement les glaces avec une cuiller, du bout de ses doigts bien gantés. — Tout à l'heure pourtant, en rentrant chez elle, dans quelque maison à châssis de papier, elle va, comme toutes les autres femmes, quitter son corset en pointe, prendre une robe brodée de cigognes ou d'autres oiseaux quelconques, s'accroupir par terre, dire une prière shintoïste ou bouddhiste, et souper avec du riz dans des bols, à l'aide de baguettes... Nous sommes devenus très camarades, cette brave petite demoiselle et moi. Comme la valse est longue, — une valse de Marcailhou — et qu'il fait chaud, nous imaginons d'ouvrir une porte-fenêtre et de sortir par là, afin de prendre l'air sur la terrasse. Nous avions oublié l'ambassade Céleste, qui depuis le commencement du bal avait élu domicile dans ce lieu frais, et nous tombons au milieu du cercle imposant qu'elle forme avec ses longues robes et ses moustaches à la mongole.

Tous ces yeux chinois, rendus un peu insolents peut-être par les récentes affaires du Tonkin, nous regardent, étonnés de notre arrivée. Nous les regardons aussi, et nous voilà, nous dévisageant les uns les autres avec ces curiosités froides et profondes de gens appartenant à des mondes absolument différents, incapables de jamais se mêler ni se comprendre.

Au-dessus de cette rangée de têtes, coiffées en bonnets de mandarin et en queues, apparaît le jardin, les restes de la fête vénitienne à moitié éteinte; et enfin, au loin, une grande étendue de nuit noire : la banlieue d'Yeddo où sont clairsemées quelques lanternes rouges.

En l'air flottent toujours les banderoles aux armes du Mikado, les crépons violets semés de chrysanthèmes héraldiques blancs. Derrière nous sont les salons, ornés de chrysanthèmes naturels mais invraisemblables, et dans lesquels beaucoup d'uniformes, de robes claires, se tiennent alignés, immobilisés en rang, entre deux figures de quadrille.

La petite provinciale de Carpentras ou de Landerneau appuyée à mon bras me dit des choses fort civiles en *dégosarimas*, sur la fraîcheur du soir, sur le temps qu'il pourra faire demain. Et tout à coup, pour comble de discordance, l'orchestre allemand qui est à l'intérieur, émoustillé par le *pale-ale* américain, attaque à tour de bras le refrain persifleur de la *Mascotte*: « *Ah! n'courez donc pas comm'ça, on les rattrape, on les rattrapera!* » Tandis que, en bas, au bout du jardin, derrière un jet d'eau, éclate une pièce d'artifice, un *bouquet* étrange, éclairant toute une foule japonaise qui était tassée aux abords de ce Rokou-Meïkan, qu'on ne soupçonnait pas dans l'obscurité, et qui jette, par admiration, une bizarre clameur...

A l'orchestre, reprise échevelée : « *On les rattrape, on les rattrape, on les rattrapera!* » Dans ce méli-mélo universel et inouï, mes notions sur les choses se voilent d'un brouillard léger. Je presse amicalement contre mon bras celui de mademoiselle Miogonitchi (ou Karakamoko); il me vient en tête une foule de choses, comiques mais innocentes, à lui dire dans toutes sortes de langues à la fois; le monde entier, en cet instant, m'apparaît rapetissé, condensé, unifié, et absolument tourné au drolatique...

Cependant les groupes commencent à s'éclaircir, les salons à se vider. Plusieurs dames ont fait des sorties à l'américaine. Plusieurs danseuses encapuchonnées, plusieurs cavaliers à collet relevé se sont abandonnés isolément aux soins des diablotins noirs qui les guettaient à la porte et qui les ont emportés à toutes jambes, dans leur brouette, à travers la nuit noire.

Moi-même, je vais me livrer à l'un de ces *djin* coureurs, afin de ne pas manquer ce train spécial de retour à Yokohama qui, d'après ma carte d'invitation, doit partir à une heure du matin de la gare de Shibachi.

En somme, une fête très gaie et très jolie, que ces Japonais nous ont offerte là avec beaucoup de bonne grâce. Si j'y ai souri de temps en temps, c'était sans malice. Quand je songe même que ces costumes, ces manières, ce cérémonial, ces danses, étaient des choses apprises, apprises très vite, apprises par ordre impérial et peut-être à contre-cœur, je me dis que ces gens sont de bien merveilleux imitateurs et une telle soirée me semble un des plus intéressants tours de force de ce peuple, unique pour les jongleries.

Cela m'a amusé de noter, sans intention bien méchante, tous ces détails, que je garantis du reste fidèles comme ceux d'une photographie avant les retouches. Dans ce pays qui se transforme si prodigieusement vite, cela amusera peut-être aussi des Japonais eux-mêmes, quand quelques années auront passé, de retrouver écrite ici cette étape de leur évolution; de lire ce que fut un bal décoré de chrysanthèmes et donné au Rokou-Meïkan pour l'anniversaire de la naissance de Sa Majesté l'empereur Muts-Hito [1], en l'an de grâce 1886.

1. Pour ne blesser aucun des personnages, j'ai changé tous les noms, excepté celui de l'empereur Muts-Hito.

EXTRAORDINAIRE CUISINE
DE DEUX VIEUX

A Henri de Mira.

Un clair matin d'octobre, au gai soleil levant, je pars d'Yokohama, me rendant peu importe où, vers l'intérieur de l'île Niphon, — suivi d'Yves, cela va de soi.

Dans nos petits chars roulés par des hommes coureurs, nous commençons notre voyage grand train, roulés très vite, le visage cinglé par l'air vif et froid de l'automne.

Une heure durant, nous suivons le *Tokaïdo* (ou « route de la mer Orientale »), qui est la plus grande et la plus ancienne voie de communication de l'empire japonais. Tout le long, c'est une suite ininterrompue de boutiques, de maisons-de-thé,

d'auberges : les unes encore pimpantes, couvertes
de peinturlures, de lanternes, de banderoles en
papier ; les autres — le plus grand nombre, —
racornies et noirâtres, ayant un air d'extrême
vieillesse. Murailles en bois toujours ; toitures
très hautes, — toutes en chaume et uniformément couronnées d'une sorte de crinière verte :
une plate-bande d'herbes et de feuilles d'iris qui
s'est formée d'elle-même au faîte de chaque maisonnette. Autour de nous défilent des paysages
très gentils, des collines boisées, des petites
pagodes placées ingénieusement çà et là parmi
les arbres, des ruisseaux bien frais sous des bambous.

Beaucoup de monde sur cette « route de la
mer Orientale », un va-et-vient continuel, des
cris de marchands, des rires, des empressements,
des rencontres de bonshommes dératés courant à
toutes jambes, s'arrêtant une minute devant
l'auberge pour avaler un bol de riz, une tasse de
thé, — puis repartant ventre à terre, en sens
inverse. Quelques chevaux harnachés de pendelo-
ques multicolores. Mais surtout des hommes coureurs, des hommes porteurs, des hommes faisant
tous les métiers de force et de vitesse qui, chez
nous, sont confiés à des bêtes : les uns roulant à
grande allure dans des *djin-richi-cha*, les drôles de
petites dames pâlottes, les vilains petits messieurs
japonais ; d'autres, plus lents, plus forts, éton-

namment trapus et tout en muscles, attelés comme
des bœufs à de lourdes charretées de pierres. Et
des défilés de gens du peuple, portant, sur des
bâtons, des ballots de riz, des ballots d'étoffe, des
caisses de porcelaine ; d'énormes potiches pour
l'exportation, cheminant en cortège, à dos humain,
chacune emmaillotée dans un étui de paille
comme nos bouteilles de champagne. — Tout le
mouvement, toute la vie d'une grande artère
commerciale, dans le plus bizarre des pays du
monde.

Après une première heure de voyage, nous
quittons ce « Tokaïdo » pour entrer dans des
campagnes tranquilles, par des sentiers où nos
coureurs sont forcés de ralentir leur allure folle.

Engagés maintenant dans une série de petites
allées qui se succèdent toutes pareilles, nous suivons les sinuosités de ces espèces de couloirs de
verdure, ayant partout et constamment notre
horizon fermé par des collines boisées, dont les
formes gracieuses se répètent indéfiniment, toujours semblables. Les bois sont d'un beau vert,
à peine rougi çà et là par l'automne. Le long du
sentier, toujours des rizières et des champs de
mil, ou bien des vergers dont les arbres, tous
d'une même essence particulière au Japon, sont
chargés de fruits d'une belle couleur d'or.

Plus nous nous avançons dans ce pays, plus cela
devient calme, après l'agitation de la grande

route; puis cela devient pastoral, avec un air
d'autrefois.

De temps en temps, des villages, nichés dans
la verdure. Alentour, des gens travaillent la terre :
paysans vêtus de longues robes en coton de teinte
sombre, ou bien tout nus montrant leur corps
jaune ; hommes et femmes à grands cheveux,
pareillement coiffés d'un mouchoir bleu clair noué
en fanchonnette sous le menton. Aux abords des
villages, une prodigieuse quantité de bébés, accou-
rant avec de gentils sourires, pour nous voir et
nous faire déjà des révérences de cérémonie.
Petites figures de chats; petites têtes comiques,
rasées par places en manière de jardin anglais,
une plate-bande de cheveux au-dessus de chaque
oreille, et, vers la nuque, d'autres ronds-points
d'où partent des queues impayables. Toutes les
petites filles, dès qu'elles ont sept ou huit ans,
portent, à cheval sur les reins, un frère cadet
qu'elles trimbalent, secouent, dans leurs jeux et
leurs courses, et qui rit ou qui dort sans jamais
crier. Le bébé est attaché sur le petit dos de la
sœur aînée par des bandes d'étoffe, attaché si bien
que les deux minois semblent appartenir au même
personnage ; — Yves imagine, pour les désigner,
cette appellation que je n'aurais pas trouvée : des
enfants à deux têtes.

Devant les maisons, il y a des jardinets très
soignés, entourés de haies bien taillées, bien cor-

rectes; à côté de quelques fleurs inconnues, il y pousse des dahlias comme en France, des zinias, des marguerites-reines, des roses de Bengale — plus petites que les nôtres et plus rouges, — et, naturellement, des anémones-du-Japon. Au lieu des pommiers de nos campagnes françaises, couverts à cette saison de pommes jaunes ou rouges, ici, toujours ce même arbre : le *kaki*, dont le feuillage ressemble à celui du néflier et dont les fruits sont d'une couleur dorée encore plus éclatante que celle des oranges.

A tous les angles du chemin que nous suivons, des petits bouddhas en granit sont plantés, comme chez nous, les saints et les calvaires. En général, ils sont plusieurs de compagnie, alignés bien en rang, sous un toit de bois qui les abrite de la pluie; quelques-uns même portent des collerettes en drap rouge, des colliers de perles, des bracelets. Devant eux, des vases grossiers où trempent des fleurs. C'est un Japon tout à fait campagnard que nous traversons à présent. Beaucoup de pagodes; — le moindre village en a deux ou trois, — posées toujours sur des monticules, à l'ombre de grands arbres; on y monte par des escaliers raides, aux marches de bois ou de granit, en passant toujours sous deux ou trois de ces portiques religieux appelés *tori*, dont la forme, éternellement la même, est d'une étrangeté mystérieuse.

Au milieu des rizières fauchées, des mils fauchés et encore verts, notre chemin ne monte ni ne
descend : nous sommes toujours en plaine, mais
toujours resserrés entre ces mêmes collines qui
nous enferment comme des murailles. Séparément chaque petite vallée a beau être riante,
fraîche, l'ensemble est inquiétant et un peu triste,
— à cause de cette impression que l'on a, d'en
laisser derrière soi tant d'autres semblables, desquelles il faudra ressortir par ce même et unique
sentier. Elles se suivent, se croisent, s'enchevêtrent en labyrinthe, et, à la longue, cela
oppresse de se sentir enfoncer de plus en plus
dans ce pays muré, sans horizon, sans vue...

... A un détour du chemin, un peu endormis
que nous sommes par la monotonie du voyage et
par les cahots de nos chars, nous éprouvons tout
à coup une grande indignation (dans la première
minute de surprise, bien entendu, avant d'avoir
eu le temps de comprendre) : devant une maison
isolée, un vieux et une vieille, pour les manger
sans doute, font cuire deux petites filles !... Une
grande cuve de bois pleine d'eau est près d'eux,
posée sur un trépied, au-dessus d'un feu de branchages très clair ; dedans, ces deux petites filles,
de six ou huit ans, dont les têtes émergent
encore et nous apparaissent à travers une légère
fumée !...

Tout simplement, elles prennent un bain... que

l'on réchauffe à mesure de peur qu'elles n'attrapent un refroidissement. — Mais, en vérité, elles ont l'air d'avoir été mises là pour bouillir : on dirait d'une soupe aux petites filles préparée pour quelque Gargantua cannibale...

Et si contentes, toutes deux, de gambader dans l'eau tiède ; — et si amusées de ce que nous passons précisément à ce moment-là, faisant mille singeries à notre intention, dansant, plongeant avec un jeu d'éclaboussures, ou bien se redressant debout, toutes nues, comme des diablotins qui sortent d'une marmite ! Et ces deux vieux Nippons — grand-père et grand'mère évidemment, chevelures blanches autour de visages en parchemin jaune — assis sur leur porte, veillant ce bouillon avec une tendre bonhomie, et souriant eux-mêmes de nous voir rire...

Cela fuit promptement derrière nous, cette maisonnette solitaire, cette cuisine, cette gaieté de braves gens que nous ne reverrons jamais, — et nous continuons de courir dans les rizières maintenant désertes, entre les petites montagnes toujours pareilles, emportant de notre méprise première un souvenir très drôle, qui sans doute nous amusera longtemps.

TOILETTE D'IMPÉRATRICE

A S. A. la princesse L. Murat.

La toilette que je vais essayer de décrire fut celle d'une grande impératrice guerrière. On la conserve enveloppée de soie blanche, dans une boîte de laque. La boîte est gardée dans le trésor d'un temple. Et le temple qui, jadis, était au milieu d'une ville magnifique, est dans les bois à présent (car la ville d'alentour a disparu depuis bien des siècles, émiettée peu à peu sous la verdure).

La souveraine s'appelait Gziné-gou-Koyo, et régnait sur le Japon d'autrefois. L'histoire nous apprend que, vers l'an 200, elle revint du continent asiatique, à la tête de ses flottes et de ses armées, victorieuse des Coréens après trois ans d'une terrible guerre. Elle rapportait dans son

7

sein la promesse d'un héritier pour le trône — et
son époux, qui pendant cette longue campagne
avait gardé le palais, s'étonna d'abord ; mais
l'impératrice lui expliqua comment les dieux, sur
sa prière, avaient retardé de trente-six mois sa ges-
tation. Elle mourut bientôt en donnant le jour à
un petit empereur qui, dès l'âge de trois ans, alla
rejoindre sa mère dans les demeures éternelles.
Après leur mort, les prêtres réunirent leurs deux
âmes en une seule qu'ils divinisèrent sous ce nom
mystique « les Huit-Drapeaux » et le peuple
japonais leur consacra un grand temple, dans
lequel sont conservées, depuis dix-sept siècles,
leurs saintes reliques.

*
* *

Pour aller visiter ce temple des « Huit-Drapeaux », il faut faire plusieurs lieues, en char-à-
bras, dans des campagnes vertes, tranquilles,
solitaires, sillonnées par des chaînes de collines
basses qui les découpent en petites vallées innombrables et pareilles.

Puis, tout à coup, quand on est très près
d'arriver, la vallée où l'on court se fait plus
grande et plus large, entre des contreforts de collines plus hautes. En même temps, l'ombre
s'épaissit et l'on pénètre sous une voûte d'arbres

gigantesques : les cèdres japonais, qui sont aussi droits que les colonnes des temples et dont les branches sont disposées d'une manière symétrique comme des bras de candélabre. Des avenues désertes et envahies par les herbes s'ouvrent de droite et de gauche dans l'imposante futaie. Çà et là apparaissent des portiques sacrés, d'aspect très ancien, à demi perdus sous les sombres ramures, et des bassins d'eau dormante, tout remplis de lotus. — Alors les coureurs qui vous roulent, s'arrêtent et se retournent pour vous annoncer que vous entrez dans Kamakura, — qui fut jadis une ville immense.

« Vers le xie siècle, nous disent les vieux livres peints à l'encre de Chine, — bien avant Yeddo la capitale contemporaine, — avant la sainte Kioto qui l'a précédée, — florissait Kamakura, qui fut pendant quatre cents ans la résidence des puissants princes du Japon. »

— Mais, où est-elle donc, cette ville que les coureurs annoncent? On regarde autour de soi, dans les profondeurs du bois, et on n'aperçoit rien. — Inutile de chercher les maisons, répondent les coureurs; il n'y en a plus. Les temples seuls sont restés debout, par-ci, par-là sous l'envahissement vert, et les avenues se voient encore, à peu près tracées, mais vides et silencieuses à présent. La capitale, qui fut si grande, si bruyante et si luxueuse, où le grand Yoritomo

tenait, en l'an 1200, sa cour académique et ses
tournois de poètes, — s'est effondrée, pulvérisée.
Elle était en bois ; on l'a emportée par morceaux,
ou bien elle s'est vermoulue, pourrie, ne laissant
même pas de ruines. Et maintenant tout y est noyé
dans la verdure ; c'est devenu le bocage, la forêt,
le désert.

Aujourd'hui 12 novembre, dans ce bois qui fut
une ville, les cigales chantent partout, au dernier
soleil d'automne ; les gerfauts jettent dans l'air
leur : « Han ! han ! han ! » qui est un bruit particulier aux campagnes japonaises, et les corbeaux
poussent leurs croassements lugubres. Le temps
est encore tiède, la lumière encore claire ; mais
les lotus, déjà touchés par le froid des matins,
penchent sur l'eau leurs feuilles jaunies. La mélancolie de novembre s'ajoute à celle de toute cette
antiquité morte qu'on sent autour de soi tombée
sous l'herbe et la mousse.

En effet, les temples sont restés debout ; on
aperçoit maintenant de tous côtés leurs portiques
sombres, leurs hautes toitures étranges, mêlées
aux branches des cèdres.

Et voici celui des « Huit-Drapeaux » qui les
domine tous. Il est sur une montagne, à mi-côret
dans un bois.

Une longue vallée y conduit, régulière comme une gigantesque rue; on la dirait ouverte là tout exprès pour le plaisir contemplatif de ces âmes divinisées qui, du haut de leurs terrasses tranquilles, peuvent regarder au loin par l'interminable trouée droite; elle est plantée en son milieu d'une avenue de cèdres énormes alignés à perte de vue; deux rangées de collines symétriques la bordent, collines japonaises, ayant toujours des formes qui ne semblent pas naturelles, ayant des sommets comme des petites coupoles, comme des petits dômes.

Nous sommes les seuls passants aujourd'hui, dans cette avenue où le bruit de nos roues et de nos coureurs s'éteint sur la mousse, — et, au bout du couloir vert, sur la montagne qui le ferme, le temple nous apparaît, parmi les vieux arbres du bois, avec ses murailles d'un rouge sombre, et toutes les pointes et toutes les cornes superposées de ses toits noirs.

Ce n'est point pour le temple que j'ai fait le voyage, — car j'en ai déjà tant vu, et de si merveilleux, dans ce Japon qui en est rempli!

Non, je suis venu pour cette robe d'impératrice que l'on conserve là-haut; j'ai un désir de la regarder et de la toucher. Certains personnages d'histoire ou de légende s'installent quelquefois dans notre imagination à des places d'honneur, sans que nous sachions pourquoi, — et j'ai pour

cette guerrière aventureuse un sentiment rétros-
pectif qui est comme un semblant très original
d'amour. Une coïncidence a donné vie à l'image
d'elle que je m'étais formée : le soir du jour où
j'avais lu son histoire, il m'a été permis de contempler un moment, au fond des jardins murés
du palais d'Yeddo, la mystérieuse impératrice
actuelle. Et j'ai identifié la femme vivante avec
la femme passée; celle d'aujourd'hui assez
différente, sans doute, de celle d'autrefois, plus
frêle à force d'affinement, fille d'une race trop
vieille; mais les mêmes yeux à peine ouverts et
froidement dominateurs, le même petit nez légèrement courbé en bec d'aigle, le même sourire et
le même charme d'incompréhensible déesse...
J'ai eu la vision très intense de la souveraine
antique, passant sur son cheval d'armes, suivie de
« ses guerriers-à-deux-sabres » coiffés de cornes
et masqués de figures de monstres, — exquise et
froide au milieu de toute la pompeuse épouvante
des batailles...

. . . .

A l'extrémité de l'avenue, près des jardins
abandonnés qui entourent la base du temple, il y
a encore, de chaque côté, quelques maisonnettes
alignées, formant comme le reste d'une rue : *maisons-de-thé*, hôtelleries à l'usage des pèlerins et
des curieux qui viennent visiter les reliques. C'est
une sorte de village pas ordinaire, perdu dans les

arbres et la mousse, et aligné pourtant d'une
façon large et majestueuse, comme était autrefois
cette grande artère de la capitale morte.

Nous déjeunerons là avant de monter au temple.
Nos coureurs nous mènent à une vaste auberge
noirâtre qui est, disent-ils, la plus fameuse.
A ses dimensions, à ses lourdes solives sculptées, on dirait une ancienne habitation de seigneurs.

C'est au premier étage, par terre, sur les inévitables coussins de velours noir, qu'on nous sert
un traditionnel repas de poupée, dans de jolies
petites tasses bleues, sur des amours de petits plateaux en laque. (D'un bout à l'autre du Japon ces
choses-là se ressemblent.) Et naturellement, la
maîtresse du logis et ses servantes nombreuses,
coiffées toutes en grandes coques de cheveux irréprochables, viennent, après beaucoup de révérences, s'asseoir à nos côtés afin de nous égayer
par de gentils rires. La pièce où nous déjeunons
est spacieuse et nue ; dans un coin, se dresse un
autel à ancêtres très ancien, avec sa garniture de
petits vases étranges et ses ors noircis par la fumée
des baguettes d'encens. Derrière nous un paravent
déployé dans toute sa longueur, comme la toile
de fond d'un décor au théâtre, représente un inquiétant paysage : le ciel est tout en or vert, uniformément, avec une seule bande de nuages noirs.
Sur ce fond glacé, des rideaux d'arbres, dénudés

comme en hiver, se découpent en perspectives fuyantes le long d'un fleuve d'eau rose. Au premier plan, sur une berge de vase, s'étalent d'énormes méduses peintes en couleurs livides. Et sur les lointains rosés de ce fleuve, s'en vont, s'en vont je ne sais où, vers une grosse lune pâle qui se lève au ras du sol, deux jonques remplies de guerriers à masques de monstres...

Dans tout cela, rien de vulgaire, rien de grossier; du reste, au Japon, jamais : les moindres choses ont, dans leur étrangeté, toujours une pointe de distinction. Mais vraiment ces petites bonnes femmes assises près de nous sont trop mièvres pour le site d'alentour, et leur rire est plus agaçant dans la mélancolie grandiose de ce bois plein de ruines.

Je leur tourne le dos pour regarder dehors par la véranda ouverte. Là, mes yeux se reposent tranquillement sur ces séries de collines boisées qui se chauffent au clair soleil d'automne. — Cette vallée, décidément, n'est pas vraisemblable; elle est dans des dimensions fausses, et puis elle est trop régulière; on la croirait faite exprès pour donner plus de majesté et de mystère à ce temple qui est au bout, noir et rouge, parmi les cèdres. Quel calme, quelle jolie lumière douce, aujourd'hui, sur toute cette verdure qui recouvre la ville morte... De temps en temps, des vols de corbeaux s'abattent sur le sol, sur la mousse fraîche semée de feuilles jaunes, — et les cigales chantent comme en été...

Au dessert, une fâcheuse nouvelle nous arrive par un de nos coureurs : les prêtres gardiens des « Huit-Drapeaux » sont en pèlerinage à quelques lieues d'ici et ne rentreront qu'à la tombée du jour; personne là-haut pour nous ouvrir les portes, ni les coffrets de laque où sont enfermées les reliques.

Il faut nous promener ailleurs, en attendant qu'ils reviennent. Dans cet étrange bois où nous sommes, les choses curieuses à voir ne manquent pas; entre autres il y a le « Grand-Bouddha » de bronze, qui est une des idoles les plus énormes du Japon. Nous irons, faute de mieux, lui faire une visite.

*
* *

Nous voilà donc errant à pied, sous ces arbres aux ramures maniérées et légères que les Japonais excellent à peindre en les exagérant. Par des petits sentiers solitaires, fleuris de scabieuses, où nos coureurs reposés nous servent de guides, nous cheminons sans conviction, et un peu déçus, vers ce Grand-Bouddha de bronze. Partout des temples, dans ce dédale de petites vallées où fut Kamakura; en arrivant dans cette région de verdure, nous ne les avions pas vus, nous ne nous en

étions pas doutés. Les uns, encore entretenus,
dressant leurs cornes sombres au fond de jardins
où des camélias sont taillés en bordures et en
charmilles ; d'autres, tout à fait abandonnés,
l'entrée fermée, le jardin inculte, les charmilles
retournant à la broussaille de forêt; tout ver-
moulus, ces derniers, et renfermant sans doute
des légions de dieux qui tombent en poussière.
On en aperçoit de perchés sur les collines, et
d'enfouis dessous, dans des souterrains dont les
entrées béantes sont noires : ceux-ci, voués sans
doute à ces *Esprits sépulcraux du pays des
racines* dont parle le rituel shintoïste. Il y a
même çà et là de grands rochers naturels qui ont
aussi des formes de temples; il y a dans des
recoins, des alignements de dieux en granit couverts de mousse : ailleurs, des inscriptions mystérieuses, des pierres tombales. C'est comme un
immense lieu d'adoration, sur lequel la forêt a
étendu son linceul vert.

Maintenant nous sortons de dessous bois, pour
passer à travers des champs de mil fauchés, des
champs de pommes de terre et des champs de riz.
Je ne sais quel aspect d'abandon et de misère,
bien inusité au Japon, attriste ce coin de cam-

pagne, ces champs ensemencés où fut une ville. Des paysans pauvres, presque nus, sont penchés sur le sol et labourent; des enfants déguenillés viennent à nous la main tendue en mendiant, avec de petites prières plaintives. La journée s'avance et l'air se refroidit; l'air sent tout à coup l'automne et les feuilles mortes. Des mauvaises herbes, que l'on brûle çà et là par petits tas, font des fumées blanches qui montent dans le ciel déjà moins lumineux, où flotte un brouillard léger annonçant l'hiver. Et nous nous sentons pris par cette impression languissante de novembre, qui est un peu partout la même, dans tous les pays de notre hémisphère boréal...

De nouveau nous entrons sous bois, et nous sommes à présent dans la petite vallée mystérieuse habitée par ce solitaire de bronze que nous venons voir. Il n'est plus qu'à quelques pas de nous, le Grand-Bouddha; au-dessus des cimes des arbres, nous apercevons tout à coup ses épaules rondes, sa tête énorme et souriante, son regard vague penché vers la terre.

Jadis il demeurait sous une voûte probablement magnifique et toute laquée d'or; il était une grande idole encensée, au fond d'un temple rempli de vases précieux et de fleurs, — et le temple était au milieu d'une immense ville idolâtre où des légions de prêtres entretenaient un bruit continuel de prières et de musiques religieuses.

Mais les siècles, les incendies, les guerres, ont anéanti tout cela. Lui seul, qui était une masse en bronze, c'est-à-dire une chose presque indestructible et éternelle, est resté debout. Et à présent il habite à ciel ouvert, avec des cigales qui lui chantent une plus immuable musique ; il fait son sourire à la verdure, aux cèdres qui ont poussé sur l'emplacement de sa belle demeure disparue.

Une des premières portes de son sanctuaire subsiste encore, avec les deux horribles dieux gardiens, l'un bleu et l'autre rouge, qui sont inévitables au seuil de tous les temples. On trouve, après ce portique, un jardinet bien gentil et bien japonais, avec des arbustes nains taillés en imitation de divers objets bizarres, — et, par une allée de sable que longe une correcte bordure verte, on arrive au pied même de l'immense personnage.

Il est assis, les jambes croisées, les mains réunies. Une vague épouvante religieuse, que nous n'attendions pas, nous vient de son énormité écrasante et de son calme souriant.

Le soleil fait doucement luire un côté de sa tête et le haut de ses monstrueuses épaules. S'il se levait, il serait grand comme une montagne. Le dessin de sa figure est très archaïque, ses yeux mi-clos s'allongent démesurément, ses oreilles sont exagérées et retombantes ; mais son expres-

sion a une tranquillité et un mystère qui imposent;
ce grand sourire de bronze qui, de vingt ou vingt-
cinq mètres de haut, tombe sur la terre est bien
le sourire d'un dieu.

Une petite porte sournoise, ouverte à son flanc,
nous donne accès dans son corps, — qui est une
salle bizarre aux parois de métal, très sombre,
ayant forme d'intérieur humain. Quelques idoles
sont là, remisées au hasard, comme des débris en
un grenier. Dans le menton, se tient un vieil
Amiddah tout doré, debout devant un nimbe
d'or; dans une oreille, est un Kwanon-aux-
quarante-bras, qui gesticule férocement; ils sont
trois ou quatre autres dans une épaule, abandonnés à la poussière et aux vers. Par une échelle
nous montons jusqu'à deux petites fenêtres qu'on
a percées dans les omoplates et qui regardent le
fond ombreux, le fond désert de la vallée. — De
là, il me paraît que le soleil est déjà bien bas, ne
dorant plus que la cime des arbres. Nous aurons
perdu tout notre temps à ce Grand-Bouddha; les
bonzes du temple des « Huit-Drapeaux » doivent
être rentrés. Pourvu que nous n'arrivions pas
trop tard pour voir cette robe d'impératrice qui
était pour moi le seul attrait du voyage. Allons-
nous-en bien vite.

Nous partons, par un raccourci que les coureurs nous indiquent, à travers bois, derrière
l'immense idole, — et de temps en temps nous

nous retournons pour la regarder s'éloigner : ainsi vue de dos, avec ses épaules voûtées, son cou qui se penche en avant, ses oreilles qui s'écartent, elle nous fait l'effet maintenant de quelque colossal singe primitif, somnolent et mélancolique.

*
* *

Par des sentiers nouveaux, nous nous retrouvons assez lestement dans la grande avenue vide, au pied du temple des « Huit-Drapeaux » où les bonzes gardiens viennent de rentrer.

Franchissons les premiers portiques de granit, dont les architraves doubles se retroussent par les pointes en croissant de la lune.

Entrons dans les jardins tristes, où l'herbe a effacé les allées. Le temple est là, noir et rouge, au-dessus de nos têtes, assis sur la colline qui surplombe. Il jette son ombre sur ces jardins bas qu'on n'entretient plus, où les immenses bassins à lotus ont pris des airs de marécages, où les arbres qui, jadis, avaient été tailladés, contournés, rendus nains par des procédés spéciaux, ont gardé dans leur dernière vieillesse des tournures rabougries et étranges.

Un escalier de granit, gigantesque, d'une soixantaine de marches, nous élève à mi-côte, jusqu'à la première cour où se faisaient les danses

sacrées. Elle est ornée de petits temples secondaires à toitures courbes et de bouquets de cycas
à troncs multiples qui ressemblent à ces premières
plantes rigides des mondes antédiluviens.

Encore des marches de granit, nous menant au-
dessus de tout cela, et nous arrivons sous le
grand portique de la dernière enceinte.

Ici, nous nous retournons pour regarder en
bas, à nos pieds, l'interminable avenue de cèdres,
silencieuse, déserte, et les deux alignements de
collines qui la bordent à droite et à gauche
comme de régulières murailles vertes ; sorte de
trouée profonde dans les bois, qui, assurément,
a été choisie — sinon faite exprès — pour donner
à ce temple un plus imposant mystère.

*_**

Des bonzes souriants viennent à notre rencontre, et nous entrons avec eux dans la dernière
cour, qui est toute bordée de bâtiments antiques
en bois de cèdre et au milieu de laquelle le temple
dresse sa masse d'un rouge sombre.

Je présente un papier à grimoires qui me donne
le droit de regarder tout et en particulier la robe
de la guerrière. Mais on me le rend sans y jeter
les yeux : inutile, à ce qu'il paraît ; maintenant,
à l'époque de progrès où nous vivons, quelques

pièces blanches distribuées suffisent; on va nous
ouvrir toutes les portes, tous les rideaux et toutes
les boîtes.

Ces bâtiments, qui entourent sur trois faces
l'esplanade du temple, sont une série de petites
loges séparées où l'on garde des choses inestimables, des reliques sans prix.

Dans une première salle, ce sont des chaises à
porteurs pour les dieux, laquées et dorées avec
un art exquis. Dans une autre, c'est une grande
déesse de la mer, coiffée d'un portique sacré
comme d'une couronne murale; ses doigts délicats sont posés sur les cordes d'une longue guitare,
— et cette musique qu'elle semble faire symbo-
lise le bruit des vagues sur les plages.

Puis toutes sortes de souvenirs des guerriers
ou des saints bonzes: l'encrier et des spécimens de
l'écriture du grand prêtre Nitchiren, qui fut
célèbre vers le XIIIᵉ siècle; des épées, des sabres
précieux ayant appartenu à des empereurs. — Les
poignées en sont fleuries de chrysanthèmes d'or;
les lames, d'une trempe merveilleuse qu'on n'a
plus retrouvée, ont été enduites d'une couche de
laque qui les préserve contre la rouille des
siècles.

Notre temps passe à regarder ces étonnantes
choses, et le soleil baisse. Cette robe d'impératrice, où est-elle donc? Sans doute on nous la
garde pour la fin, comme la pièce la plus rare et

la plus antique. Je la demande avec instance et je
commence presque à ne plus y croire. — On est
à la recherche, nous dit-on, d'une espèce de clef,
ou de levier, qui est nécessaire pour ouvrir la
loge où elle se tient, — et ces bonzes sont d'une
tranquillité, d'une lenteur... Le soleil est près de
se coucher, nous devrions déjà être repartis pour
Yokohama; la nuit va nous prendre, une nuit
sans lune, et comment nous tirerons-nous d'un
aussi long retour, dans l'obscurité, par des sentiers si mauvais pour nos petits chars, et avec
des coureurs fatigués n'y voyant plus...

En attendant qu'on nous montre cette relique
des reliques, continuons tout de même de
regarder.

Les objets sont clairsemés sur des étagères,
bien loin les uns des autres comme par un excès
de déférence, et cachés derrière des petits rideaux
en soie lamée d'or qui tombent en poussière.

Voici encore des armes, des arcs, des flèches,
ornés de chrysanthèmes d'or, de cigognes d'or;
puis des casques de guerre et des collections de
masques.

Des masques qui sont des chefs-d'œuvre de
hideur et d'épouvante : figures terreuses, convul-

sionnées par des rires horribles, ayant une vie
intense dans leurs yeux de verre ; figures de vieux
cadavres affamés de chair vivante... Un surtout,
un des plus anciens, qui appartenait au souverain prêtre Yoritomo (XIIe siècle) nous glace de
son regard effroyable et de son rire. Ses traits ne
sont pas japonais ; il ressemble à Voltaire, à un
Voltaire déterré et macabre ; son expression est
d'une ironie triomphante, comme après quelque
chose d'atroce qu'il vous aurait déjà fait ou qu'il
méditerait de vous faire avec la certitude de
réussir...

Tout est tellement disséminé, dans cette sorte
de musée poussiéreux, qu'il semble d'abord y
avoir très peu d'objets. — Dans un dernier recoin,
des vases grossiers, de forme inconnue, des choses
primitives dont on ne sait pas l'usage... A quelle
époque doivent-ils remonter ces débris, pour
avoir des aspects si rudes dans un pays où le
raffinement des formes et de la matière date déjà
de quelques milliers d'années !

Enfin, elle est ouverte, la loge qui renferme les
reliques de l'impératrice guerrière, — et nous y
entrons, précédés de deux bonzes. — Presque
rien, dans ce compartiment ; tout seuls sur une

planchette, ses grands étriers, ses étriers de combat rappelant ceux de quelque chef arabe de nos jours; — et puis, derrière un rideau, la boîte, — la boîte qui renferme sa robe!

Mais il ne fait déjà plus bien jour dans cette loge, pour une pièce blanche de plus, on va nous faire voir cela dehors, les bonzes vont emporter ce coffre, à deux, comme un cercueil.

Sur l'esplanade, où donne encore le soleil couchant et où passent des rafales d'un vent froid, la boîte est déposée, ouverte, — et on en retire un paquet long, enveloppé d'un linceul de soie blanche...

... J'attendais quelque étoffe lourde et magnifique, chamarrée d'or et de pierreries, qu'on me montrerait lentement avec des précautions extrêmes, — et je reste saisi devant une masse diaphane, de nuance pâle et neutre, que le vent déploie d'un seul coup, me lance presque au visage, — et d'où se détachent, s'échappent des flocons soyeux qui s'éparpillent sur l'esplanade triste, — comme si la chose avait l'inconsistance d'un nuage.

Trop de vent ici, en vérité, pour une si précieuse relique qui, au moindre contact, se déchire et s'émiette. Les bonzes l'emportent encore, toute flottante et légère, sous la véranda du temple, à l'abri de la muraille en bois de cèdre.

C'était presque une déception à première vue;

mais, en regardant mieux, on reconnaît là une bien extraordinaire toilette, d'un raffinement souverain. La robe est à grande queue, à grandes manches pagodes, à haut col droit, — un peu évasé pour encadrer la tête, à la manière des fraises Médicis. Elle est faite de sept doubles d'une fine mousseline de soie, superposés, tous de nuances différentes, et laissés libres d'ondoyer séparément dans la longueur de la traîne. L'étoffe de dessus, qui jadis était blanche et que le temps a rendue d'une couleur de vieil ivoire jauni, est semée d'oiseaux envolés (grandeur de moineau à tête de dragon), très espacés dans leur vol fantastique, les uns verts, les autres bleus, les autres jaunes ou violets. La deuxième étoffe est jaune, la troisième bleue, la quatrième violette, la cinquième vieil or, la sixième verte, — toutes parsemées d'animaux étranges et différents qui volent à tire-d'aile. La dernière, enfin, celle de dessous, celle qui touchait et enveloppait le corps d'ambre de l'impératrice, est violette, semée de blasons impériaux — qui sont des enroulements de chimères. Ces broderies ont été faites avec un art si léger, qu'elles restent transparentes comme la gaze qui les porte ; le temps en a effacé les teintes premières, qui devaient être déjà atténuées, très discrètes ; aussi l'ensemble est-il vaporeux, changeant, incolore, grisâtre comme une fumée.

Pauvres belles robes ! Par le bas, elles sont

tout effrangées, tout en lambeaux; l'étoffe cède
sous les doigts, se pulvérise, — et le vent l'emporte. Mais il s'en dégage encore un parfum de
musc et de vétiver, presque une senteur de toilette
féminine, et, en respirant cela, je perds un instant la notion effroyable des dix-sept siècles qui
me séparent de cette impératrice. C'est d'ailleurs,
en soi, une impression saisissante, que de regarder
de si près au grand jour, de toucher et de sentir
une vraie toilette de cette créature légendaire,
qui vivait comme une déesse, inaccessible et invisible, voilée même au milieu des batailles, — et
à une époque si lointaine, si inconnue, alors que
nos ancêtres gaulois secouaient à peine leur sau-
vagerie des forêts.

Pauvres belles robes! A présent qu'on les
montre à tout venant pour quelques pièces blanches, il est probable qu'après avoir traversé
tant de siècles, elles ne verront pas la fin de
celui-ci.

Peut-être, depuis un nombre incalculable d'années, n'étaient-elles pas venues, comme ce soir,
au grand air et au vent du dehors; n'avaient-elles
pas revu, du haut de l'esplanade de ce temple, le
soleil couchant et les perspectives fuyantes de
l'avenue de cèdres?

On les replie avec assez de soin, on les renve-
loppe dans leur blanc linceul de soie... Vraiment,
il manque des mots dans nos langues humaines

pour exprimer la mélancolie et le mystère de ce
site où se passe cet ensevelissement de robes; des
mots pour rendre ce silence d'abandon, ce vent
froid d'un soir d'automne passant sur cette haute
terrasse, — et, à nos pieds, cette longue vallée
verte où fut une ville, et ces jardins déserts d'en
bas, et ces étangs de lotus...

Il ne reste plus au-dessus de l'horizon qu'un
dernier bord de soleil jaunâtre, quand nous nous
asseyons dans nos chars-à-bras pour repartir.

Au crépuscule, nous refaisons en sens inverse
la même route que ce matin, à travers les mêmes
rizières, entre les mêmes chaînes de petites collines nous bornant la vue, dans le même dédale
de petites vallées.

Le ciel achève de se couvrir d'un grand nuage
tout d'une pièce qui tombe comme un voile, et
une ondée passe sur nous, mouillant les feuillages jaunis, accentuant cette senteur de novembre
qu'exhalent le sol et les plantes.

C'est la saison du seul fruit qui, au Japon,
mûrisse en abondance : le *kaki*, semblable à une
orange un peu allongée, mais d'une couleur plus
belle encore, lisse et brillant comme une boule
en or bruni. Tout le long du chemin, nous

rencontrons des arbres qui en sont chargés à profusion.

Beaucoup de choses, dans ces campagnes japonaises, rappellent notre automne de France; çà et là des pampres rougis qui retombent, des branches qui se dépouillent, et, dans l'herbe trop haute qui va mourir, des fleurs violettes. — Ici comme chez nous, elles sont presque toutes violettes, les fleurs d'arrière-saison : des bleuets violets, des scabieuses, des campanules refleurissant au bout des tiges, — et d'autres de même nuance, mais d'espèce inconnue.

*
* *

Tandis que nous regardons en bas les plantes et les mousses, une déchirure se fait au voile crépusculaire gris qui couvre le ciel, et, dans cette trouée, tout à coup, très haut au-dessus de ces petites montagnes, de cette petite nature mignardement triste qui nous entoure, nous avons l'apparition quasi fantastique du *Fusiyama*, le géant des monts japonais, le grand cône régulier, solitaire, unique, dont on a vu l'image invraisemblable reproduite sur tous les écrans et sur tous les plateaux de laque; il est là, dessiné en traits d'une netteté profonde, surprenante, — avec sa pointe blanche trempée dans la neige, dans le froid des espaces vides. Nous ne pensions plus à lui, et, au premier moment, nous avons presque peur de voir une chose extra-terrestre, une chose appartenant à quelque autre planète qui se serait brusquement rapprochée.

Comme, avec la nuit de novembre, tout prend des airs désolés; comme nous nous sentons plus dépaysés et perdus que ce matin, entre ces collines qui se resserrent, dans ces espèces de vallons étroits où nous passons toujours enfermés et sans vue, incapables de reconnaître la direction de notre course. Du noir se répand partout, envahit les bois, et un froid humide semble monter de la terre avec la senteur des feuilles tombées. — Il gagne toujours, ce noir, et maintenant les petites boules d'or des *kakis* paraissent attirer et concentrer en elles tout ce qui reste de lumière mourante. Dans les bouquets d'arbres, dans les vergers, seules ces boules d'or continuent de se détacher, encore éclatantes sur le fond assombri et confus des verdures.

A tous les carrefours des chemins, les bouddhas de granit, alignés toujours par cinq ou six, avec leurs colliers de perles et leurs bavettes d'enfant en drap rouge, prennent de plus en plus des mines malfaisantes de gnomes. Il y a des fonds de vallée, des recoins fermés, qui étaient riants ce matin et qui sont sinistres ce soir, tout noyés d'ombre,

qui semblent des repaires pour les mauvais
Esprits de ce pays si étrange où nous ne savons
rien comprendre.

***

Aux dernières lueurs de ce crépuscule, nous
faisons halte devant une pauvre maison-de-thé,
isolée au bord d'un chemin creux. Une jeune
fille, rieuse et mignonne, qui est là toute seule,
allume les bougies de nos lanternes rondes et
nous vend, en éclatant de rire, des bonbons poi-
vrés blancs et roses, pas frais, entamés par les
mouches.

Puis, la nuit nous prend tout à fait, la nuit
épaisse, sans étoiles. Nos coureurs nous roulent
vite tout de même, les uns tirant, les autres poussant, avec des cris parfois pour s'exciter, et nous
nous engourdissons dans une espèce de sommeil,
ayant très froid.

Seconde halte, bien longtemps après, vers dix
heures, dans une autre auberge où nous descendons pour nous chauffer une minute à un brasier,
en compagnie de pauvres hères de mauvaise
mine, et où nos coureurs se font servir des bols
de riz.

Encore une heure de route, cahotés dans la
nuit noire.

Puis enfin, devant nous, de longues files de
gaz commencent à briller, et des bruits lointains
de civilisation, de machines, des sifflets.de chemin
de fer, éclatent comme une ironie dissonante au
milieu de ce rêve de vieux Japon qui nous han-
tait depuis la ville morte.

Nous arrivons. C'est Yokohama, le grand
capharnaüm moderne, le Japon nouveau, impro-
visé sur les débris de l'ancien.

Alors nous sentons combien, tout à l'heure, au
milieu des reliques et des masques de ce temple,
nous étions loin dans le passé, — dans un passé
plein d'énigmes dont le sens est à jamais perdu.

TROIS LÉGENDES RUSTIQUES

I

Ceci m'a été conté, je crois, par madame Prune :

« Les blaireaux, esprits malfaisants, aiment à s'introduire dans les maisons isolées, à la campagne surtout, sous forme d'ustensiles de ménage, — de marmite principalement.

» En général, on s'y prend à ces marmites-là. Mais, quand on veut y faire cuire quelque chose, ça redevient blaireau et ça se sauve en faisant la grimace, — tandis que l'eau qui était dedans se répand sur le feu et l'éteint. »

II

Ceci, je l'ai lu d'abord dans un livre très remarquable et très peu connu sur le Japon; j'ai pu vérifier ensuite que c'était en effet une croyance de paysans :

« La nuit du nouvel an, il suffit de crier dans un endroit isolé : *Gambari-nindo oto-to-ghiçou!* pour voir aussitôt apparaître une main velue dans les ténèbres. »

III

Pris dans le même livre :

« Une certaine nuit de chaque hiver, les chats tiennent, dans quelque jardin isolé, une grande assemblée qui se termine par une ronde générale au clair de lune. »

Vient ensuite cette clause adorable, que je recommande à l'attention de Jules Lemaître et de tous ceux qui sont assez affinés pour comprendre le charme des chats :

— Pour être admis à cette réunion, tout chat est tenu de se procurer un fichu ou un mouchoir de soie dont il se coiffe pour danser.

LA SAINTE MONTAGNE DE NIKKO

A Jean Aicard.

« Qui n'a pas vu Nikko, n'a pas le
droit d'employer le mot : *splendide.* »
(Proverbe japonais.)

I

Au centre de la grande île Niphon, dans une
région boisée et montagneuse, à cinquante lieues
de Yokohama, se cache cette merveille des merveilles : la nécropole des vieux empereurs japonais.

C'est, sous le couvert d'une épaisse forêt, au
penchant de la Sainte Montagne de Nikko, au
milieu de cascades qui font à l'ombre des cèdres
un bruit éternel, — une série de temples
enchantés, en bronze, en laque aux toits d'or,
ayant l'air d'être venus là à l'appel d'une baguette

magique, parmi les fougères et les mousses, dans
l'humidité verte, sous la voûte des ramures
sombres, au milieu de la grande nature sauvage.

Au dedans de ces temples, une magnificence
inimaginable, une splendeur de féerie. Et personne alentour, que quelques bonzes gardiens qui
psalmodient, quelques prêtresses vêtues de blanc
qui font des danses sacrées en agitant des éventails. De temps en temps, sous la haute futaie
sonore, les vibrations lentes d'une énorme cloche
de bronze, ou les coups sourds d'un monstrueux
tambour-à-prière. Autrement, toujours ces mêmes
bruits qui semblent faire partie du silence et de
la solitude : le chant des cigales, le cri des gerfauts en l'air, le cri des singes dans les branches,
la chute monotone des cascades.

Tout cet éblouissement d'or, au milieu de ce
mystère de forêt, fait de ces sépultures quelque
chose d'unique sur la terre. C'est la Mecque du
Japon ; c'est le cœur encore inviolé de ce pays qui
s'effondre à présent dans le grand courant occidental, mais qui a eu son passé merveilleux. Ils
étaient des mystiques étranges et des artistes bien
rares, ceux qui, il y a trois ou quatre cents ans,
ont construit ces magnificences, au fond des bois
et pour des morts...

Pendant que tout est frais encore dans ma
mémoire, je vais conter ici par le menu le pèle-

rinage que je fis à cette Sainte Montagne, par de belles journées de novembre, par un temps d'été de la Saint-Martin déjà froid, mais tranquille et pur.

D'abord le départ de Yokohama, la ville de tous les pays et de tout le monde ; départ très banal, en chemin de fer, par le train de six heures trente du matin.

Un peu drôle tout de même, ce chemin de fer japonais, avec ses longs wagons étroits, où, dans le plancher, sont percés de distance en distance des crachoirs pour les petites pipes des dames.

Le train file vite, au milieu de campagnes fertiles. Mes quarante premières lieues se feront ainsi, il y en aura pour sept heures environ. Puis, vers deux heures de l'après-midi, à Utsunomya, une grande ville du Nord, je descendrai forcément parce que la voie ferrée finit là. Et je continuerai mon voyage en petit char roulé par deux hommes-coureurs, comme cela se pratique au Japon où les voitures sont encore inconnues.

Dans mon compartiment, deux autres voyageurs : un colonel japonais et la noble dame son épouse.

Lui, qui dans sa première jeunesse a dû porter armure effrayante, casque à longues antennes et masque de monstre, est correctement sanglé aujourd'hui dans un uniforme européen : culottes ajustées, dolman de cavalerie à brandebourgs, large casquette plate à la russe, gants de peau de daim, cigarette turque; air très militaire, vraiment pas ridicule.

Elle, restée absolument Japonaise d'attitude et de costume. Élégance simple et distinguée de femme comme il faut. Figure pâle et fine poudrée à blanc, long cou d'albâtre. Mains toutes petites, sourcils rasés, dents laquées de noir. Plus jeune, mais des cheveux de jais, où ne se mêle encore aucun fil d'argent; chignon compliqué, lissé avec tant de soin et tant d'huile de camélia, qu'on dirait une sculpture en laque; grandes épingles d'écaille blonde, piquées là dedans avec un goût très sûr. Trois ou quatre tuniques superposées, de coupe japonaise ancienne, en soie mince de diverses couleurs sombres : violet, bleu marine, gris de fer, marron; la tunique de dessus, brodée, au milieu du dos, d'un petit rond blanc dans lequel se dessinent trois feuilles d'arbre — et qui est le blason de famille de la dame. De temps en temps, elle fume sa pipe de poupée et se baisse pour la tapoter par terre contre le rebord d'un crachoir : Pan! pan! pan! pan! très vite.

Couple irréprochable, assez froid, causant peu.

A mi-route, on prie tous les voyageurs de descendre : une large rivière est là, sur laquelle on n'a pas encore eu le temps de faire un pont; alors on va nous passer en bateau.

Plusieurs grands bacs sont tenus prêts pour la

traversée, et nous nous y entassons avec nos bagages. Tous Japonais, mes compagnons de route, bien que quelques-uns, lancés dans le progrès occidental, portent jaquette et chapeau melon. Il est environ dix heures ; un petit vent froid nous saisit sur cette rivière. Derrière nous, dans le lointain, on aperçoit encore le grand cône étrange du mont Fusiyama avec sa cime blanche de neige ; et on l'a tellement vu et revu, au fond de tous les paysages peints sur papier de riz, qu'il suffirait à lui seul pour donner l'indication du Japon si on l'avait perdue.

Des bateliers, en longues robes bleues bariolées de grecques blanches, nous passent assez lestement, en poussant du fond avec des perches. Et, sur la rive opposée, nous attend un autre train où nous reprenons machinalement nos mêmes places. — Encore mes voisins de tout à l'heure ; nous échangeons, en nous retrouvant, des saluts discrets ; — le colonel m'offre une cigarette.

Et le train file, toujours en plaine avec des montagnes bleuâtres à l'horizon.

Vraiment ce pays ressemble à notre France d'automne : des bois au feuillage jauni, et des vignes vierges courant çà et là en guirlandes rouges ; par terre, des graminées sèches et des scabieuses. Seuls, les laboureurs qui travaillent aux champs diffèrent, avec leurs figures jaunes d'Asie et leurs manches pagodes en coton bleu.

Bientôt deux heures. Une grande ville paraît, le train s'arrête.

— Utsunomya! Tout le monde descend de voiture! (Cela se crie en japonais naturellement.)

Il fait déjà plus frais qu'à Yokohama : on sent le changement de latitude, et de plus nous nous sommes éloignés de la mer, — qui toujours réchauffe.

Au sortir de la gare, s'ouvre une rue large et droite, toute neuve, improvisée sans doute depuis l'installation du chemin de fer, mais très japonaise tout de même : boutiques de bonbons, de lanternes, de tabac et d'épices, avec beaucoup d'enseignes à bariolages étranges, beaucoup de banderoles flottant au bout de longues hampes ; maisons-de-thé en bois blanc bien neuf ; petites servantes drôles, aux aguets devant les portes, roulant des yeux en amande. Sur la voie, encombrement de chars-à-bras et d'hommes-coureurs.

Au milieu de cette foule nippone, notre train venu de la capitale jette un instant son déballage de jaquettes et de chapeaux melon, qui bientôt se disperse, se mêle, disparaît dans les magasins et les auberges.

Pas une minute à perdre, si je veux cette nuit même arriver à la Sainte Montagne, et coucher à Nikko, la ville des grands temples.

Du reste, les coureurs m'entourent : je suis seul Européen dans cette rue, et ils se disputent l'honneur :

— Nikko! répètent-ils, très intéressés, Nikko! au moins dix lieues! — Je veux aller jusqu'à Nikko, et y coucher cette nuit? — Oh! alors il va falloir des jambes choisies, et des hommes de relève, — et partir tout de suite, et payer cher. — Les plus vaillants me montrent leurs cuisses nues, très jaunes, en se donnant des claques pour me montrer que c'est dur. Enfin, après les contestations d'usage, le choix est fait et le marché conclu.

Déjeuner rapide et quelconque, dans la première maison-de-thé venue, mes hommes m'attendant à la porte.

Éternellement la même chose, ces maisons-de-thé japonaises : les petites baguettes, le riz, la sauce au poisson; les innombrables tasses et soucoupes en fine porcelaine où sont peintes des cigognes bleues; les servantes, toutes jeunes et bien peignées, s'inclinant en perpétuelle révérence, leurs robes entre-bâillées sur ces gentilles poitrines où, d'un bout de l'année à l'autre, fourragent les voyageurs, l'été pour toucher des choses fraîches, l'hiver pour se chauffer les doigts.

Il n'est guère que deux heures et demie quand je m'installe sur mon char, d'une petitesse et d'une légèreté extrêmes. Dans un premier élan, mes coureurs, en poussant des cris, m'enlèvent avec une vitesse furieuse. Disparaissent alors sous un nuage de poussière, les auberges, les bariolages, la foule ; tout ce qui est l'avenue de la gare, et le quartier neuf. Puis nous franchissons un pont courbe, sur une rivière pleine de lotus, et le vieux Utsunomya défile à son tour : ici, des rues tortueuses, des maisonnettes en bois noirâtre où se fabriquent activement d'innombrables petites choses drôles : socques à patins pour les dames, cerfs-volants pour les demoiselles, bonbons, lanternes, parasols et guitares.

C'est très grand, très étendu et, malgré tout, cela passe vite et nous voici dehors dans la campagne.

Beau soleil sans chaleur ; temps de novembre, lumineux et cependant mélancolique.

Après deux ou trois kilomètres de chemins ordinaires, à travers une plaine cultivée, nous nous engageons enfin dans cette route unique au monde, qui fut tracée et plantée il y a cinq ou six cents ans pour mener à la Montagne Sainte les longs cortèges funéraires des empereurs. Elle est étroite, encaissée entre des talus qui font muraille ; son luxe incomparable est dans ces arbres gigantesques, sombres, solennels, qui la bordent de droite et de gauche en doubles rangées compactes. Ce sont des *Cryptomérias* (les cèdres japonais) assez semblables, pour les dimensions excessives et la rigidité de l'aspect, aux *Wellingtonias géants* de la Californie.

Il faut lever la tête pour apercevoir leur feuillage triste, qui forme une voûte close, à peine ajourée. A hauteur de regard humain, on ne voit que des racines comme des serpents, que des troncs comme des colonnes monstrueuses, si serrés qu'ils se soudent quelquefois les uns aux autres par la base, à la manière de ces piliers doubles ou triples soutenant des églises. En pénétrant là-dessous, on est saisi par une sensation d'humidité froide, et la lumière baisse, devient comme un crépuscule vert. On éprouve aussi une impression d'imposante grandeur, qui, au Japon, est une impression rare, et l'imagination s'inquiète vaguement de savoir si longue cette sorte de nef sans fin, qui fuit toujours à perte de vue dans une demi-obscurité et qui, paraît-il, va continuer de se dérouler ainsi toute pareille pendant six ou sept heures, pendant dix lieues.

— Nous ne rencontrerons presque personne, disent mes coureurs, parce que la saison est trop avancée pour les pèlerinages, et que là-bas, en approchant de Nikko, le chemin défoncé par les pluies est déjà bien mauvais.

Jusqu'ici, pourtant, nous roulons à merveille et très vite sur un sol de galets gris. Peu de voyageurs, en effet; de loin en loin, nous croisons deux ou trois petits chars comme le mien, qui se

suivent en caravane, ou bien un groupe de piétons, gens du centre, circulant pour leurs affaires ;
puis, pendant des kilomètres, plus personne dans
l'interminable avenue sombre.

Quelquefois, très rarement, nous traversons
un hameau, qui est bâti tout au bord de la route
et forme un petit bout de rue, écrasé sous ces
cèdres toujours droits et immenses. Ce sont des
auberges, pauvres, d'étrange aspect, des relais
échelonnés pour les coureurs sur ce long par-
cours. Les maisonnettes ont des jardins où
poussent de ces surprenants chrysanthèmes japonais plus larges et plus hauts que nos tournesols.

Les gens me regardent beaucoup. Des enfants
viennent à ma rencontre, disant, avec de gentils
sourires, ce : — *Oh! ayo!* qui est leur salutation
de bienvenue ; d'autres, qui n'ont jamais vu
d'Européen, se sauvent.

Aux environs de chaque hameau, un peu à
l'écart des habitations humaines, on est sûr de
rencontrer un lïeu consacré aux Esprits, aux
mânes des morts, à l'incompréhensible au-delà qui
épouvante. C'est sous quelque bouquet d'arbres
antiques, dans quelque bas-fond bien ombreux ; il
y a là deux ou trois gnomes en granit assis sur
des sièges en forme de lotus ; ou bien des petites
niches en bois, d'un aspect funéraire extrêmement
singulier et inquiétant. Tout est étrange, dans
ces recoins à prières.

De village en village, il semble que le caractère du vieux Japon s'accentue plus fortement.

Et toujours, après ces maisonnettes très vite disparues, la colonnade énorme des cèdres, la haute et étroite nef de branches reprend sa monotonie; il y fait froid et presque noir.

Au début, la route était bonne; elle est maintenant très défoncée, inégale, boueuse, et les ruisseaux qui d'abord couraient discrètement de chaque côté prennent des allures de torrents pour envahir la chaussée.

Nous nous élevons vers le plateau central par une pente insensible. Le pays, aperçu par échappées entre les troncs des cèdres, a changé de nature ; plus de champs cultivés comme du côté d'Utsunomya; nous sommes au milieu des bois. Les arbres ressemblent à nos chênes, à nos ormeaux, l'automne les a déjà pas mal dépouillés et jaunis, et ils font l'effet de broussailles mourantes, à côté de ces alignements de cèdres droits qui les dominent de toute leur verdure éternelle.

Voici que peu à peu l'avenue obscure s'éclaire, d'une façon superbe et inattendue : c'est le soleil qui est à présent très bas, très près de disparaître, et qui pénètre par en dessous, jetant, par tous les intervalles des troncs énormes, ses gerbes d'or rouge.

Bientôt cela devient quelque chose de magique.

Du côté du couchant, le bois jauni, aux feuilles rares, est tellement imprégné, tellement transpercé de lumière dorée, que, vu du couloir d'ombre où nous sommes, il a l'air d'être en feu. Et ces grands arbres de la route, ces grands piliers lisses, déjà rougeâtres par eux-mêmes, prennent des reflets de braise ardente. Par terre les ombres allongées alternent avec les lumières, font des séries de raies noires et de raies d'or, qui se prolongent en avant de nous, indéfiniment. Et tous les lointains de la voûte sont traversés de grands rayons comme ceux qui entrent le soir par les vitraux dans l'obscurité des églises. On dirait, dans un temple primitif, un embrasement d'apothéose...

C'était très éphémère, et déjà cela baisse, cela va s'éteindre.

Pendant que cela brille encore, passent en silhouettes noires, en ombres chinoises, à la lisière du bois lumineux, sur le haut des talus qui nous en séparent, cinq ou six chars où sont assises des dames à profil plat, ayant beaucoup d'épingles plantées dans des chignons très hauts. Elles voyagent en sens inverse, les belles, et sont tout de suite perdues dans les lointains d'où nous venons.

Et puis, après cet éclat suprême, cette illumination d'adieu, le jour finit. Brusquement l'ombre revient, plus épaisse, presque sinistre. Tout est

éteint, le soleil est couché. Et aussitôt il semble
que le froid ait augmenté, le silence aussi, sous
cette voûte infiniment longue.

Impossible de continuer d'ailleurs; mon char
cahoté, embourbé, n'avance plus.

Nous allons essayer de faire comme ces dames
de tout à l'heure, plus avisées que nous, qui
voyageaient à côté de l'avenue, le long du bois.

On est moins mal en effet : une fois sorti de
cette route encaissée, le sol est moins détrempé
èt on y voit plus clair. Tant que dure le long
crépuscule de novembre, nous roulons encore
vite en côtoyant l'allée majestueuse dans une
espèce de sentier latéral où mon char s'emplit
de feuilles mortes, et où les arbres du bois de
temps en temps me fouettent la figure de leurs
branches. Beaucoup d'autres voyageurs ont déjà
fait comme moi, du reste, car il y a des ornières
profondes tracées par les roues sur la mousse.

Et naturellement cette tombée de nuit d'automne, me prenant si loin, dans la solitude de
ces chemins, commence à me serrer un peu le
cœur. Par instant, j'ai des impressions de France,
ces senteurs dont l'air froid est imprégné, ces
mousses, ces feuilles jaunes, ces scabieuses par
terre... j'ai beaucoup connu jadis des choses ana-
logues... C'était dans les bois familiers à mon
enfance, dans ces chers coins où, depuis tant

d'années, je n'ai plus revu l'automne, — l'automne, les soirs d'automne qui me causaient alors des mélancolies bien plus profondes, ayant des dessous bien plus insondables que mes mélancolies d'aujourd'hui...

Nous devons être maintenant dans le voisinage de quelque hameau, car voici un de ces recoins voués au surnaturel comme nous en avons déjà rencontré en plein jour. Dans ce Japon frivole, il y en a pourtant beaucoup, de ces recoins-là, et toujours si bien choisis, si bien trouvés, dans des creux de terrains, à des carrefours solitaires, sous les arbres les plus hauts et les plus sombres. Dans celui-ci, qui passe près de nous aux dernières lueurs crépusculaires, il y a des tombes, de pauvres tombes sauvages, cherchant la protection, groupées le plus près possible d'un petit portique consacré aux dieux. C'est comme, dans nos cimetières de village, ces tombes qui se pressent autour de l'église; seulement, chez nous, ces morts, dans les préaux religieux, fécondent nos chênes, nos herbes, nos fleurettes de France; tandis qu'ici, ces corps jaunes, composés d'autres essences, donnent dans la terre japonaise d'autres plantes, des bambous, des cryptomérias, des lotus. Là est toute la différence, mais c'est toujours la même suprême prière, aboutissant au même néant.

La nuit vient tout à fait, et nous trouve dans l'humidité de ces bois, sous les branchages effeuillés, longeant toujours l'allée des cèdres. Le sentier est de plus en plus impraticable; c'est devenu peu à peu une boue molle, où l'on enfonce, et que traversent en tout sens les racines de ces arbres géants qui bordent l'avenue. Mes coureurs ont ralenti leur allure, mais vont tout de même au pas gymnastique, et, d'une racine à l'autre, mon petit char sautille comme une paume.

On n'y voit plus. Il me semble qu'il y a long-temps, longtemps que nous courons dans ce même bois, respirant cette même senteur d'automne, frôlant toujours ces mêmes plantes, ces mêmes branches. Des trous, des glissades, des fondrières. De tant de cahots, une fatigue me vient peu à peu, un engourdissement, un mal de tête. Essayons de reprendre l'allée, où cependant les ruisseaux débordés font une musique croissante, dans le silence nocturne.

Nuit noire, nuit compacte, sous cette voûte où nous voilà redescendus. Par terre, c'est de l'eau, mais on est moins secoué, et nous con-tinuons de courir en lançant des éclaboussures. Notre lanterne ronde qui danse est comme un pauvre petit feu follet, tremblotant, mouvant, incapable de percer toute cette épaisseur de noir humide, que les cèdres condensent sur nos têtes...

Sept heures seulement! Il n'y a encore que quatre heures et demie que nous sommes en route; il est nuit close depuis longtemps. Tout à coup, mes coureurs s'arrêtent, se concertent à voix basse, et me déclarent qu'ils n'iront pas plus loin. Ils vont m'emmener coucher avec eux dans un village qu'ils connaissent par là, dans une auberge, et demain matin au petit jour, nous repartirons.

— Ah! non, par exemple! Jamais!

D'abord je fais mine d'en rire. Puis, devant leur entêtement, je me révolte, je m'indigne, et menace de ne pas payer, d'aller chercher les magistrats, de faire plusieurs choses terribles. Un moment ennuyeux à passer, pendant lequel je sens parfaitement l'impuissance de mes moyens pour sévir; car, en somme, je suis à leur merci, sans arme, dans un lieu perdu, entouré de choses inconnues et d'obscurité.

Ils obéissent enfin, allument une seconde lanterne éclairant mieux et se remettent à trotter, d'une allure de mauvaise humeur, en rechignant. Encore quatre lieues; nous n'arriverons guère qu'à dix ou onze heures du soir.

Cahin-caha, nous avançons bien péniblement. Nos lanternes nous font vaguement voir, de droite et de gauche, des talus en murailles, des racines qui se tordent et s'enchevêtrent comme un peuple de serpents échelonnés le long de la route; de temps en temps, elles jettent aussi des lueurs un peu plus haut, sur les bases de ces grandes colonnes irrégulières qui se perdent ensuite dans l'obscurité profonde de la voûte.

Autour de nous, les bruissements d'eau augmentent toujours, et quelquefois nous nous arrêtons, complètement pris, complètement embourbés dans le gâchis noir ; alors les coureurs raidissent leurs muscles de jambes, poussent des cris ; je saute à bas pour alléger mon char, les aider, et nous finissons par repartir.

Vers neuf heures, un hameau passe assez vite ; c'est comme une image furtive, sortie de quelque lanterne magique que l'on aurait allumée un instant pour rompre la monotonie d'une trop longue nuit. Les maisonnettes sont closes, mais, sur leurs panneaux de papier, les lampes du dedans projettent des silhouettes humaines très caractéristiques : des figures plates fumant des pipes minces, des chignons japonais. Et puis, au bout de la pauvre petite rue, avant que nous rentrions dans la solitude noire de la route, nos lanternes nous révèlent en courant deux monstrueuses bêtes de granit, deux grimaces horribles assises devant une entrée sombre ; je reconnais cela : c'est le refuge pour les âmes de ces bonshommes entrevus en ombres chinoises, c'est la pagode où ces gens prient...

Encore la même nuit épaisse et l'oppression de cette même voûte interminable. Et dire que ces choses seraient très riantes peut-être, vues par un beau matin printanier! Par cette soirée de novembre, il me semble être roulé dans un souterrain sans issue, n'aboutissant nulle part, et j'ai des envies de revenir en arrière, de m'échouer dans n'importe quel village, comme ils le voulaient tout à l'heure, dans n'importe quelle auberge pour me chauffer, m'étendre, voir des *mousmés* rieuses, manger du riz, dormir...

Et puis j'aimerais mieux être à pied, courir moi aussi derrière mon char; j'aurais moins de cahots et moins froid. Mais cela blesserait mes hommes dans leur amour-propre de coureurs; dès que je mets pied à terre, ils me prient de me rasseoir.

Dix heures et demie. Comme des chevaux sentant la remise, ils vont plus vite. Et enfin, enfin, des feux apparaissent là-bas, là-bas, des lanternes de couleur : Nikko! Nikko, au bout du tunnel des cèdres!

Nikko! Oh! jamais petit Poucet perdu dans la forêt n'accueillit avec plus de joie la lueur de la maison de l'ogre, que nous, cette nuit, les feux de cette ville inconnue.

II

Une surprise à l'arrivée : ce Nikko est un village, rien qu'un village comme tous les autres de la route. Moi qui avais lu dans des livres très gros et d'aspect sérieux que c'était une ville de trente mille âmes ! J'ai un moment de défiance : est-ce que mes coureurs m'auraient égaré, par hasard ?

Devant une maison-de-thé encore ouverte, ils arrêtent mon char et nous entrons.

Dès l'abord, on voit bien cependant que cette maison n'est pas l'auberge d'un village quelconque : les gens ont de grandes manières ; l'hôte, l'hôtesse, les servantes, tout le monde, dès que je parais, se met à quatre pattes, en faisant *casse-cou* le front contre le plancher ; et puis les vases de bronze remplis de braise, devant lesquels je

me chauffe les mains bien vite, ont des formes
d'une élégance distinguée; enfin, les plafonds,
les boiseries savonnées, les nattes sont partout
d'une blancheur extrême.

Trois jeunes servantes, bien peignées mais qui
s'endorment, viennent m'enlever mes chaussures
salies et je monte avec elles, par un petit escalier
ciré luisant comme miroir, jusqu'à la chambre
d'honneur du premier étage où tout est blanc
comme neige.

C'est parfait. Nous logerons dans cette maison-
de-thé, mes coureurs et moi, pendant notre séjour
à Nikko. Je fais le prix d'abord, pour éviter l'impu-
dente volerie d'usage, et je commande le souper.

Pendant qu'on me cuisine en bas toutes sortes
de petits mets drôles, les jeunes servantes viennent alternativement me tenir compagnie, me
conter des mièvreries charmantes mêlées d'éclats
de rire. Et j'estime, ce soir, après tant d'heures
passées dans le froid sombre de la route, qu'on
est voluptueusement bien, à écouter rire des
mousmés aux yeux de chat, étendu sur des nattes
fines, la tête soutenue par un coussin de velours
noir, les pieds posés contre un *brasero* de bronze
orné de monstres chimériques, dans l'atmosphère
tiède et imprégnée de sandal d'un appartement où
il n'y a rien — que, sur un trépied, un vase
étrange d'où s'élance un svelte bouquet de chrysanthèmes.

L'appartement, cela va sans dire, n'a que des parois en papier. Sur deux de ses faces, un papier opaque formant de grands panneaux pleins. Sur les deux autres, un papier mince, soutenu par un quadrillage en bois léger qui le divise en une infinité de petits carreaux transparents ; c'est par là que, dans le jour, arrive la lumière ; ces châssis délicats sont du reste mobiles, peuvent s'ouvrir comme nos fenêtres vitrées et donnent sur des vérandas que l'on ferme la nuit par des panneaux en bois plein, suivant l'usage universel des maisons japonaises. Près de moi, sur le plancher, pose une petite guérite, en papier également, haute comme un théâtre à guignol ; elle renferme la lampe qui brûlera jusqu'au matin, à demi voilée, veillant sur mon sommeil, éloignant de moi les mauvais Esprits qui flottent toujours dans l'obscurité. Avec le vase de fleurs et les nattes blanches, c'est tout ce que contient ma chambre à coucher. Pour orner les murs, quelques longs tableaux étranges, peints sur des bandes de soie et montés sur des baguettes en bambou, descendent du plafond ; ils représentent des guerriers, livrant des batailles terribles auxquelles s'intéressent les monstres du ciel, tous penchés pour regarder à travers les nuages...

Très laides, ces pauvres petites qui me tiennent compagnie ; l'envie de dormir leur diminue encore plus les yeux, et elles sont tout en joues, en grosses joues pâlottes. Mais elles ont tant de grâce précieuse, de si jolies mains d'enfant et de si adorables chignons montés!...

Enfin, voici mon souper qu'elles m'apportent à deux, avec mille façons mignardes. Sur des plateaux à pied, en laque rouge, c'est une série de petites tasses couvertes, de petites assiettes couvertes, et des rechanges de baguettes pour manger les choses contenues dans cette fine vaisselle de porcelaine.

Qu'est-ce qu'il peut bien y avoir dans les mignonnes tasses et les mignonnes assiettes?... Ah! voilà : pour me faire une gentille petite farce, on ne me le dira pas, il faudra que je devine, et, avec leurs petits doigts qui se manièrent, elles soulèvent à demi les couvercles, bien vite les referment comme si elles craignaient d'en laisser échapper des oiseaux, et se trémoussent et minaudent : non, non, non, bien sûr, elles ne me le diront pas...

Est-ce assez délicieux au moins, ces rires, ces devinettes! Mais je suis fort en peine, moi, et je donne ma langue aux chats, car il y a certainement, sous les jolis couvercles, d'indéfinissables choses, ayant des goûts impossibles à prévoir.

C'est d'abord un *mimono* (autant dire une espèce de soupe, mais je conserve le mot japonais qui me semble en lui-même d'une préciosité intraduisible). Donc, un *mimono* très liquide, dans lequel flottent deux ou trois petites algues d'un vert de vert-de-gris, deux ou trois champignons gros comme des noisettes et un microscopique poisson, d'un demi-pouce de longueur, vidé et bouilli. Pas de pain ni de vin naturellement; ce sont choses tout à fait inconnues; j'ai, pour boire, de l'eau tiède mélangée d'un peu d'eau-de-vie de riz.

Au dessert, après l'énorme platée de riz traditionnelle, quand j'en suis aux infiniment nombreuses et petites tasses de thé, la conversation ayant langui, une des jeunes servantes agenouillées près de moi tombe tout à coup le nez en avant, vaincue par le sommeil. Alors, c'est un fou rire général dans la maison; l'hôte et l'hôtesse, qui n'étaient pas présents, montent pour se faire conter la chose; on en informe aussi mes coureurs qui soupent en bas, et d'autres voyageurs déjà endormis dans des chambres voisines; bientôt tout le monde en est pâmé...

— Ah! eh bien! à présent je demande à me coucher, par exemple...

A me coucher? Je veux me coucher? De plus en plus drôle, en vérité! Croirait-on que ces jeunes servantes avaient deviné que ça allait bientôt finir par là et qu'elles avaient précisément tout disposé en conséquence, et que tout est derrière la porte et prêt à servir. Comment ne pas rire d'une si heureuse rencontre de nos pensées?

Voici d'abord les deux ou trois couvertures ouatées qui se superposent par terre pour former matelas; voici les oreillers en peluche noire, et enfin la couverture supérieure également ouatée, ayant deux trous, garnis de manches pagodes, par lesquelles on passe les mains.

Les *mousmés* assistent à mon petit coucher, s'informent de l'heure à laquelle il faudra m'éveiller demain, baissent la lampe, éloignent les fleurs, s'attardent à mille détails, plus du tout endormies, mais lentes à se retirer, comme nourrissant un secret espoir d'être un peu retenues.

Cependant les voilà parties, un panneau de papier se referme sur elles, et je reste seul.

Elles rôdent longtemps encore à l'extérieur de la véranda, en promenant des lampes. Et, sur les châssis de papier mince, je vois passer et repasser en ombres chinoises leurs belles coques de cheveux piquées d'épingles, et leurs petits bouts de nez camus. Tout cela pour me faire bien comprendre qu'elles sont encore sous les armes, au cas où j'aurais besoin de les rappeler pour quelque service plus spécial. Mais non, j'ai vraiment tout ce qu'il me faut, merci; et je ne désire plus rien, que dormir.

A la fin, le silence se fait dehors, l'obscurité aussi : les *mousmés* se sont lassées. La maison-de-thé, que mon arrivée avait tenue en éveil à une heure indue, s'est endormie profondément, comme le village et comme les grands bois d'alentour. A présent que c'est fini, tous ces rires, un immense calme solennel, qui enveloppait déjà ce pays perdu, pénètre peu à peu ma chambre, où la lampe discrète, dans sa guérite de papier, éclaire vaguement les images du mur, les guerriers qui se battent, et les chimères qui, du haut des nuages, les regardent.

Un bruit lointain, continu, que j'avais remarqué tout à l'heure, augmente de minute en minute, maintenant que les petites voix humaines se sont tues et que les mouvements ont cessé : on dirait des torrents, des cascades...

L'air un peu lourd, chauffé par les *braseros* de bronze, se refroidit : on sent que la nuit de novembre doit être piquante dehors, avec sans doute de la gelée blanche sur les toits.

Le bruit de cascades s'affirme de plus en plus ; il semble s'être rapproché, il est devenu très net dans ce silence.

Il me berce, et je m'endors, — en songeant à cette Sainte Montagne qui est là tout près, à ces mystérieuses merveilles que je verrai demain.

III

— *Oh! ayo!*
— *Oh! ayo!*
— *Oh! ayo!*

Par l'entre-bâillement d'un panneau de papier qui vient de glisser sur ses rainures, ce même bonjour matinal m'est dit sur trois tons différents, par trois petites figures comiques, inclinées en révérences extrêmes.

Mon Dieu! dans mon rêve interrompu, je ne me rappelais plus du tout que j'étais dans un village du Japon central, et, au réveil, ce pays me fait l'effet d'être le plus amusant du monde.

Elles ajoutent, les petites servantes, de leur voix rieuse : *Rokoudji-han!* (Il est six heures et demie !) — Oh! il doit être plus que cela même, car il fait déjà bien jour.

Puis les voici qui ouvrent bruyamment tous les panneaux de bois du dehors, et, après, comme si ça ne suffisait pas, tous les panneaux intérieurs en papier mince, me livrant ainsi à l'air glacé du matin, à l'éblouissante lumière du soleil qui se lève. En un tour de main c'est fait, ma chambre est démontée, n'a plus que deux faces sur quatre ; je suis en plein vent.

Au Japon, le lever est impitoyable, même en hiver, et c'est en somme une façon comme une autre d'abréger un moment toujours ennuyeux.

Pour moi surtout, qui suis arrivé hier dans l'obscurité épaisse, comme si on m'avait amené les yeux bandés, c'est une surprise presque charmante que de tout voir apparaître ainsi, de cette manière brusque et imprévue. Il semble que ce rideau de la nuit se soit levé d'un seul coup, comme un rideau de théâtre, sur un décor préparé derrière et baigné dans la plus fraîche et la plus pure lumière d'or.

Au premier plan, le jardinet de la maison, avec ses rocailles, ses arbustes nains, ses pièces d'eau, ses pagodes en miniature. Derrière, un fond très haut, escaladant le ciel, un fond composé de montagnes aux dentelures bizarres, de forêts nuancées par l'automne. Et les premiers rayons du soleil, se promenant gaiement sur les cimes avec un bel éclat de rose.

Je reste saisi devant cette révélation subite
d'une chose invraisemblablement jolie, et j'écoute
une musique de cigales, bien inattendue, qui
m'arrive de tous ces bois : comme si les bêtes
mêmes, au Japon, refusaient de prendre l'hiver
au sérieux, elles chantent, malgré le froid, et sont
plus bruyantes à présent que les cascades, dont le
fracas adouci semble s'être éloigné beaucoup.

Dans les maisons nippones, la toilette du matin
est toujours très sommaire. Cela se fait dans la
cour, tout le monde ensemble, à l'eau chaude
dans des cuves de cuivre. (C'est le soir ensuite,
avant souper, qu'ont lieu les ablutions complètes,
les grandes baignades quotidiennes.)

Le premier déjeuner est rapide aussi : pruneau
vert, au vinaigre, saupoudré de sucre; tasse de
thé. Et je suis prêt maintenant, pour commencer
mon pèlerinage aux grands temples.

J'ai hâte de sortir. Une des mignonnes servantes
m'accompagnera jusqu'au bureau de l'état civil
où l'on examinera mes papiers avec soin avant
de m'admettre dans la Montagne Sainte.

Nous voici donc tous deux dans la rue, la
mousmé et moi, au frais matin lumineux, les
boutiques ouvrant partout leurs panneaux à
glissières.

Un tout petit village; une rue large mais
unique, continuant toujours cette même route

que j'ai suivie depuis Utsunomya pendant dix lieues. Mais plus de ces cèdres écrasants sur nos têtes ; nous sommes à ciel ouvert, respirant un air beaucoup plus vif qu'à Yeddo, plus froid aussi : le bon air épuré des régions élevées. Presque toutes les maisonnettes sont occupées par des marchands de peaux d'ours gris (les montagnes sont pleines de ces bêtes) et de peaux d'une espèce de putois jaune. Il y a aussi des auberges, pour les pèlerins, qui, paraît-il, sont nombreux au printemps, et des boutiques d'objets de piété, de petits dieux taillés dans le bois blanc des arbres de la forêt sainte.

La rue suit une légère pente ascendante et, de chaque côté, par-dessus les maisons toujours basses, apparaissent les vertes montagnes, très rapprochées, montant à de grandes hauteurs dans le ciel clair.

A l'état civil, il faut parlementer longuement avec des vieux bonshommes accroupis devant des tablettes à écrire. Souriants, toujours courbés en saluts profonds, ils examinent mon passeport, le permis spécial du Mikado qui m'a été délivré à l'ambassade pour visiter les temples, et se concertent sur le péage exorbitant qu'ils vont exiger de moi. Puis ils me donnent un guide, que je garderai jusqu'au soir, et me griffonnent, du bout de leurs pinceaux, sur des papiers de riz, différents petits mots de passe pour les bonzes gardiens : ça me coûtera très cher, mais j'aurai le droit de tout voir.

Un remerciement à la jeune servante qui me quitte avec une révérence exquise, et enfin, je me dirige avec mon guide vers ce lieu de repos et de splendeur qui est le but de mon voyage.

Au bout de cette rue, elle se dresse là tout près, la Sainte Montagne, couverte d'un manteau de verdure sombre ; d'où nous sommes, elle semble encore n'être qu'une épaisse forêt de cèdres.

Le village finit juste à ses pieds, mais il en est séparé par un torrent large et profond, qui roule avec un fracas de fureur sur un chaos de roches effondrées.

Deux ponts courbes sont jetés très haut au-dessus de ces eaux bouillonnantes ; l'un, en granit, le pont des pèlerins, le pont de tout le monde, celui par lequel nous allons passer ; l'autre, là-bas, le merveilleux, interdit aux simples humains, qui fut construit il y a cinq siècles pour les empereurs d'alors et leurs étonnants cortèges ; tout en laque rouge, que le temps n'a pu ternir ; soigné comme un meuble de salon, celui-ci, et revêtu de garnitures en bronze, finement ciselées et dorées. Il est soutenu en l'air par une sorte d'échafaudage qui prend pied dans les profondeurs du lit de ce torrent ; on dirait des poutres grises, et ce sont de longues pièces de granit passées en clefs les unes dans les autres, assemblées en charpente. Malgré ces solides jambes de force sur lesquelles il s'appuie, il conserve un air de légèreté extrême.

En franchissant le pont de tout le monde, quand j'arrive en son milieu, je m'arrête pour admirer la courbe de ce pont de luxe qui se dessine, surprenante d'élégance, sur les lointains sauvages du pays d'alentour : le torrent gronde en dessous dans un creux sinistre, en répandant une vapeur blanche, et, derrière, c'est un fond bleuâtre de forêts et de montagnes où ne s'aperçoit aucune trace humaine. Alors, me rappelant certaines vieilles images conservées dans des pagodes, je cherche à reconstituer, au milieu de ce décor immuable, les cortèges d'autrefois défilant sur cet arc de laque rouge ; les masques de guerre, les princes effrayants dans leur bizarrerie magnifique ; les empereurs qu'*il ne fallait pas voir* autour desquels des « guerriers-à-deux-sabres » faisaient voler les têtes des curieux qui regardaient ; toute cette pompe inouïe du vieux Japon, qui est à jamais disparue et qui excède nos conceptions d'aujourd'hui.

Arrivés à l'autre rive, nous posons enfin le pied sur le versant même de la Sainte Montagne, nous entrons dans la forêt consacrée. Ici les cèdres, pareils à ceux de la route d'hier, ayant ce même aspect de colonnes de temple, ce même élancement gigantesque, sont innombrables et recouvrent tout de leur ombre ; une fraîcheur plus pénétrante, plus humide, nous prend là-dessous, en même temps que le soleil nous quitte et que la lumière décroît, subitement. Partout nous entendons les bruissements d'une eau glacée, qui ruisselle des cimes en mille cascades petites ou grandes, en torrents, ou bien en simples filets cachés sous l'épaisseur des mousses : c'est l'éternelle musique qui berce les empereurs morts ; l'été, paraît-il, elle s'adoucit beaucoup, jusqu'à n'être plus qu'un murmure ralenti ; dans cette saison d'automne, elle reprend comme un grand ensemble d'orchestre, sur un mouvement accéléré en fugue générale. Dans toute la description que je vais essayer de faire maintenant, je voudrais pouvoir rappeler à chaque ligne le bruit de ces eaux, que l'on devine si froides, et la voûte de ces feuillages d'un vert noirâtre étendue au-dessus des choses, et cette pénombre toujours, et cette sonorité profonde de dessous bois...

Nous montons par une imposante allée, entre deux rangs de cèdres, et déjà commencent à paraître çà et là, dans les intervalles des branches, des fragments de hautes toitures contournées, compliquées, en bronze noir semé de rosaces d'or ; c'est tantôt un angle, tantôt une corne, ou bien un sommet de tourelle, une arête courbe quelconque sur laquelle s'alignent des légions de chimères d'or. Tout cela monte sous l'ombre mystérieuse des arbres avec une apparence de désordre; on dirait quelque ville, d'une splendeur inouïe et d'une architecture très rare, qui serait ensevelie pêle-mêle sous cette verdure.

Un premier temple, auquel nous nous arrêtons. Il est dans un lieu un peu dégagé, dans une sorte de clairière. On y monte par un jardin en terrasses superposées; jardin avec rocailles, pièces d'eau et arbres nains aux feuillages violacés, jaunes ou rougeâtres.

Le temple, très vaste, est tout rouge, d'un rouge de sang; une énorme toiture, noir et or, retroussée aux angles, semble l'écraser de son poids. Il en sort une musique religieuse, douce et lente, interrompue de temps en temps par un effroyable coup sourd.

Il est ouvert en grand, ouvert sur toute sa façade à colonnes; mais l'intérieur en est masqué par un *velum* blanc, immense. Le *velum* est en soie, orné simplement, dans toute son étendue blanche, de trois ou quatre larges rosaces héraldiques noires dont le dessin très simple a je ne sais quoi de distingué et d'exquis, et, derrière cette première tenture, à demi soulevée, des stores légers en bambou sont abaissés jusqu'à terre.

Nous montons plusieurs marches de granit, et mon guide, pour me faire entrer, écarte un pan du voile; le sanctuaire apparaît.

Au dedans, tout est laque noire et laque d'or,
laque d'or surtout. Au-dessus de l'enchevêtrement compliqué des frises d'or, s'étend une voûte
à caissons, en laque ouvragée, noir et or. Derrière
la colonnade du fond, la partie reculée où sans
doute se tiennent les dieux, est cachée par de
longs rideaux en brocart, toujours noir et or,
dont les plis rigides tombent du haut jusqu'en
bas. A terre, sur les nattes blanches, sont posés
de grands vases d'or d'où s'échappent des gerbes
de lotus d'or aussi hauts que des arbres. Et enfin,
du plafond, pendent comme des serpents morts,
comme des cadavres de boas monstrueux, une
quantité d'étonnantes « chenilles » de soie, d'une
grosseur de bras humain, teintes de blanc, de
jaune, d'orangé, de brun rouge et de noir, en
nuances bizarrement dégradées comme on en voit
sur la gorge de certains oiseaux des Iles.

Des bonzes psalmodient dans un coin, assis en
rond autour d'un tambour-à-prières qui pourrait
les contenir tous. Ils chantent des espèces de
strophes sans cesse reprises sur le même air
mélancolique; chaque couplet, avant de finir, se
prolonge en agonie, se traîne comme un souffle,
comme un souffle mourant qui tremble, en même
temps que les têtes s'abaissent toujours plus vers
la terre, — puis s'arrête brusquement sur un coup
du gigantesque tambour. Et alors les têtes se
relèvent et le couplet suivant commence, tout

pareil, pour se terminer bientôt de la même surprenante manière.

Évidemment ce temple, bien que semblable à ceux d'il y a un millier d'années, est complètement neuf : ses ors sont étincelants, sa magnificence est toute fraîche.

Son luxe rayonne tranquillement, éclairé par une lumière atténuée qui lui donne un aspect de rêve. Entre les colonnes de laque, à travers le tamisage des stores de bambou, apparaît, voilé, le très bizarre jardin extérieur, avec ses arbustes rouges ou violets au soleil du matin, et par derrière se dessinent les grands horizons sauvages, les montagnes et les forêts.

La musique des prêtres continue de se traîner, avec la monotonie inquiétante, avec la persistance d'une incantation qui serait assurée d'agir à la longue et d'en venir à ses fins mystérieuses. Et c'est une des scènes les plus idéalement japonaises qui m'aient jamais frappé l'esprit; mon impression diffère de celles que j'avais éprouvées jusqu'à aujourd'hui, dans les vieux temples où il fallait un effort pour retrouver, à travers la poussière, ce passé qui semblait si loin; ici pour la première fois, j'ai le sentiment d'avoir pénétré au cœur même de ce pays étrange, mais dans son cœur en pleine vie, en pleine activité d'art, de rites et de religion. Mon imagination est consciente de la présence cachée de ces idoles, sans

doute monstrueuses, qui, derrière les longs
rideaux de brocart, doivent deviner le paysage
lumineux d'alentour, et sourire à la fraîcheur
matinale, sourire à cette première prière de la
journée qui leur arrive si tremblante et légère...
Quelque chose de très solennel, de vaguement
effrayant, d'incompréhensible surtout, plane dans
ce lieu splendide, comme chaque fois qu'il y a
rapprochement avec les dieux, quels que soient
leurs noms, ou avec le Dieu unique, sous quelque
forme qu'on l'adore.

Cependant, l'un des bonzes qui psalmodiaient
se détache du groupe, vient à moi, examine mes
papiers, puis m'invite à me déchausser et à le
suivre. Par un passage latéral, où sont peints sur
soie, avec d'horribles détails, tous les supplices
de l'enfer, il m'emmène derrière les tentures
lourdes et magnifiques, dans la partie intérieure
réservée aux dieux.

Ici, il fait presque nuit. La lumière très rare
vient d'en bas, se glisse en filets rasant le sol
par-dessous les épais voiles de brocart: aussi la
région élevée avoisinant la voûte est-elle perdue
dans du noir profond. Le lieu très vaste me
paraît, à première vue, encombré par trois lotus
d'or, larges comme des bases de tours, dont les
feuilles luisent comme de grands boucliers dans
la pénombre : je connais depuis longtemps ces
trônes des dieux, et levant la tête, je cherche à

distinguer dans l'obscurité d'en haut les personnages qui doivent être assis sur ces fleurs. D'abord
je vois briller leurs genoux énormes; puis, mes
yeux s'habituant davantage, les trois idoles d'or,
gigantesques, se dessinent pour moi, écrasantes
de hauteur, dans ces ténèbres voulues : c'est
Kwanon-aux-onze-visages-et-aux-mille-bras, *Kwa-
non-à-tête-de-cheval*, et *Amiddah-Nioraï* à la
figure ricanante et horrible. Les têtes et les
nimbes, en or bruni, sont à peine visibles, on
les devine plus qu'on ne les aperçoit; des reflets
indiquent le dessous des arcades sourcilières et
des narines, l'émail des yeux, et les dents pointues d'Amiddah, que découvre son mauvais rire;
son nimbe à lui est tourmenté, tandis que les
nimbes des deux autres sont calmes, il semble
agité par un vent terrible et entouré de flam-
mèches d'enfer.

La musique qu'on leur fait à tous trois
derrière les voiles, et qui nous arrive ici assour-
die, est maintenant changée : c'est devenu une
mélopée rapide, sautillante, accompagnée des
claquements d'une de ces grosses mâchoires de
bois, en forme de gueule de monstre, qui sont
en usage dans les cérémonies pour réveiller
l'attention des dieux distraits...

Mon guide me presse de partir. Il trouve que
je m'attarde beaucoup trop dans ce temple de

l'entrée, qui n'est rien, paraît-il, auprès des étonnements échelonnés plus haut.

Et nous sortons par une porte du fond, qui
nous mène dans le jardin le plus singulier du
monde : c'est un carré plein d'ombre, enfermé
entre les cèdres de la forêt et la haute paroi
rouge du sanctuaire; en son milieu se dresse un
très grand obélisque de bronze, flanqué de quatre
autres plus petits, et couronné d'une pyramide de
feuillages d'or et de clochettes d'or; — on dirait,
dans ce pays, que le bronze et l'or ne coûtent pas;
à profusion, on les emploie partout, comme chez
nous les matériaux vils, le plâtre et la pierre. —
Tout le long de cette muraille couleur de sang
qui forme le derrière du temple, il y a, à hauteur
humaine, pour animer ce jardin mélancolique,
une série alignée de petits dieux en bois, de toutes
formes et de toutes nuances, qui regardent l'obélisque, les uns bleus, les autres jaunes, les autres
verts; les uns ayant des figures d'homme, les
autres des figures d'éléphant : compagnie de nains
d'un comique trop extraordinaire, qui n'égaie pas.

Pour nous rendre à d'autres temples, nous cheminons de nouveau sous bois, à l'ombre humide
et obscure, dans les avenues de cèdres qui
montent, descendent, se croisent en sens divers,
et sont les rues de cette ville des morts.

Dans les allées, nous marchons sur un sable
fin, semé de ces petits piquants bruns qui tombent

des cèdres. Toujours en pente, elles sont bordées maintenant de rampes à balustres, en granit revêtu des plus délicieuses mousses; on dirait qu'on a garni toutes les mains courantes avec un beau velours vert. Et de chaque côté de la voie sablée, courent invariablement de minces ruisseaux, clairs et frais, qui joignent leur bruit de cristal à celui que font dans le lointain les torrents et les cascades.

A une hauteur de cent ou deux cents mètres, nous arrivons devant l'entrée de quelque chose qui doit être magnifique : au-dessus de nous, sur la montagne, dans le fouillis des branches, s'étagent des murailles, des toitures en laque et en bronze, avec un peuple de monstres, partout perchés et étincelants d'or. Devant cette entrée, il y a une sorte d'esplanade, d'étroite clairière où tombe un peu de soleil. Et voici que dans ce rayon lumineux passent, sur les fonds sombres, deux bonzes en costume de cérémonie : l'un, en longue robe de soie violette avec surplis de soie orange; l'autre en robe gris perle, avec surplis bleu de ciel; tous deux portant la haute coiffure rigide en laque noire dont l'usage est presque perdu. (Du reste les deux seuls êtres humains rencontrés par les routes pendant tout notre pèlerinage.) Il se rendent probablement à quelque office religieux et, en passant devant l'entrée somptueuse, ils s'inclinent en saluts profonds.

Ce temple en face duquel nous sommes est
celui de l'âme divinisée de l'empereur Yeyaz
(xvi⁰ siècle), qui est peut-être la plus merveilleuse des *demeures* de Nikko.

On y monte par une série de portes et d'enceintes, de plus en plus belles à mesure qu'on
arrive plus haut, plus près du sanctuaire où
l'âme de ce mort s'est retirée.

Cela commence par un lourd et énorme portique de granit. Puis on entre dans une première
cour, dont la muraille relativement simple n'est
qu'en laque rouge à rosaces d'or. Les grands
cèdres poussent dans cette cour comme en pleine
forêt et y entretiennent une ombre triste. Des
lampadaires d'une forme très spéciale (qu'on
appelle au Japon *toro*) y sont alignés sur deux
rangs. Je vais définir une fois pour toutes ces *toro*
qui sont la base de l'ornementation pour les jardins sacrés et les avenues funéraires : des espèces
de lanternes, posées sur des tourelles de cinq à
six pieds de haut et surmontées de petits toits à
angles retroussés qui sont une réduction en miniature des toits des pagodes. Les *toro* de cette première cour sont en granit; la mousse, l'épaisse
mousse des siècles les a tous coiffés d'un uniforme
bonnet de velours vert. Un demi-jour bleuâtre
descend d'en haut, glisse le long des troncs polis
des cèdres, tombe ici sur toutes choses, atténue
les couleurs, donne une vague impression de sou-

terrain. Le principal ornement du lieu est une tour à cinq étages qui dépasse la cime des plus grands arbres et s'en va baigner dans le soleil sa pointe dorée : elle fut, dit l'histoire, offerte vers 1650 à l'âme de l'empereur mort, par le prince Sakaï-Wakasa-no-Kami. Le nom de tour convient mal à cette extravagante superposition de cinq petites pagodes semblables, ayant chacune son toit courbe qui déborde outre mesure, tout hérissé de gargouilles, de cornes et de griffes ; la teinte générale du monument est le rouge sombre, le rouge sang rehaussé d'or ; mais, de près, on distingue une fine ornementation polychrome qui court du haut en bas ; de près, on s'aperçoit que les murailles de ces cinq étages sont de vrais musées de peinture et de sculpture ; dans l'épaisseur du bois fouillé à jour, se découpe tout un monde de dieux, de bêtes, de chimères, de fleurs ; une dentelle de petits êtres de toutes formes, figés là dans des attitudes vivantes.

Un grand portique vient ensuite : tout de bronze celui-ci, et d'une forme calme, reposante, orné discrètement de quelques rosaces d'or ; puis des marches de granit, et on arrive à la seconde enceinte, remplie de choses encore plus rares. Toujours l'ombre des cèdres ; ici comme dans la première cour, ils poussent en rangs serrés, les arbres géants ; leurs troncs lisses et droits, ayant çà et là des plaques de mousse, se dressent comme

des obélisques et semblent amener d'en haut cette
pâle lumière glissante qui fait briller doucement
les choses splendides. En désordre, comme amoncelés, apparaissent des kiosques précieux en laque
et en bronze, aux toitures luisantes, étoilées d'or
et surmontées de lotus d'or. Ils ont les formes les
plus étranges, les plus inusitées, les plus inconnues : les uns légers, d'une élégance raffinée et
excessive ; les autres lourds, trapus, ayant pour
angles des têtes d'éléphant et se ramassant sur eux-
mêmes comme pour mieux enfermer des mystères.
Cependant toutes les portes sont ouvertes, et on
peut aller où l'on veut, il n'y a personne pour
garder ces richesses. Par une ouverture basse,
entre deux battants de cuivre ciselé, je me glisse
au hasard dans l'un de ces kiosques qui est
en bronze, en laque rouge et en laque d'or,
et dont toutes les lignes architecturales sont
des courbes tourmentées. Ce que je vois là
dedans est pour moi inexplicable : une sorte
d'armoire circulaire ornée avec un goût funèbre,
ayant forme de gigantesque lanterne et ne repo-
sant sur le sol que par un pivot central, comme
si elle était destinée à tourner ; et deux dieux
de grandeur humaine, à visage de vieillard
couleur de chair cadavérique, assis sur des
trônes, veillant sur cette encombrante chose
ronde qui remplit presque entièrement le lieu
où ils se tiennent. Tout dans cette magnificence

est bizarre, compliqué de symboles millénaires
et d'énigmes...

Parmi ces kiosques, deux sont entièrement en
bronze ; l'un contient la cloche sans prix, surmontée de dragons impériaux, qui fut offerte
jadis à l'âme du mort par je ne sais quel roi de
Corée ; l'autre, à colonnade, abrite un monstrueux
candélabre, également en bronze, de huit à dix
pieds de haut, dont le style rappelle tout à coup
notre Renaissance occidentale et surprend au
milieu de ces étrangetés fantastiques : vers 1650,
il arriva d'Europe, envoyé en hommage par les
Hollandais qui, comme on sait, avaient trouvé
moyen à cette époque de nouer des relations de
commerce avec le Japon alors impénétrable.
Depuis des siècles, cette Sainte Montagne a été
un lieu où se sont entassés des richesses, des présents inestimables de peuples amis ou tributaires.

Dans cette seconde cour, tous les petits phares
d'ornement (les *toro*, rangés en longues files),
sont en bronze ajouré avec ciselures dorées. Je
n'avais encore jamais vu de la mousse s'accrocher
à du métal bruni et brillant ; cela a lieu ici, dans
cette paix et cette ombre éternelles ; la mousse
croît sur le bronze ; ces *toro* portent des plaques
de velours vert, ou des houppes de lichen gris,
même sur leurs belles dorures encore si fraîches.
Et c'est, je crois, un des charmes les plus singuliers de ce lieu, le mélange d'un pareil luxe,

unique au monde, avec les dessous intimes de la
forêt, avec les petites plantes si frêles et si sauvages qui ne croissent qu'après des siècles de
tranquillité sur les ruines. Des mousses, des fougères, des capillaires et des lichens, vivant pêle-
mêle et en bonne intelligence avec des laques et
des ors, avec de délicates dentelles de cuivre et
de bronze à peine ternies par le temps, cela ne se
voit nulle part ailleurs : cette communion complète avec de la vraie nature nullement dérangée
est ce qui donne surtout à ces magnificences leur
air de choses enchantées, magiques.

Il y a aussi dans cette cour deux kiosques spéciaux pour les prêtresses qui font la danse sacrée
du « kangoura » : un peu moins beaux ceux-ci,
peut-être, et ayant forme de théâtre avec une
scène ouverte placée à hauteur d'homme. Dans
chaque kiosque, une seule prêtresse se tient sur
le devant de la scène, assise et immobile; jeune
ou âgée, mais toujours vêtue du même costume
qu'imposent les vieux rites : robe écarlate avec
surplis de mousseline blanche; sur le front, deux
larges coques de mousseline blanche rappelant,
en plus grand, le nœud des Alsaciennes; à la
main gauche, un éventail, à la main droite un
hochet de cuivre, avec des grelots, comme la
marotte d'une folie. La prêtresse, impassible
comme une idole, tournant à peine les yeux vers
le passant qui la regarde, se lève seulement pour

danser lorsqu'un fidèle lance sur la scène une
pièce de monnaie pour les dieux : elle se lève sans
un remerciement, sans un sourire, comme un
automate dont on aurait touché le ressort; les
yeux perdus dans le vague, elle danse d'une
invariable manière.

La première que je fais ainsi lever en lui jetant
mon offrande est une très vieille femme, pâlie à
l'ombre de ce bois sacré : bayadère de soixante
ans, à la figure émaciée, mystique, qu'une couche
de poudre blanchit comme un plâtre. Au tintement
du métal contre les planches de son théâtre, elle
se dresse dans sa blanche mousseline, elle se
dresse lentement avec la grâce savante qu'elle a
acquise dans les moindres mouvements de son
corps maigre, et elle commence le pas rituel qui
ne change jamais. Agitant son éventail large et sa
marotte qui sonne, elle avance lentement, — puis
recule, revient, recule encore, en trois ou quatre
passes de plus en plus recueillies, de plus en plus
graves. Et à présent, de sa petite main qui semble
tout à coup épeurée, elle déploie l'éventail sur son
visage, comme si, en ce monde, rien n'était assez
pur pour ses yeux. Oh! la très chaste créature, oh!
la très pudique, l'éthérée!... Mais maintenant,
voici qu'elle défaille, elle va mourir... A reculons,
à petits pas chancelants, elle s'éloigne encore une
fois, en même temps que son corps s'incline toujours plus, toujours plus, en avant vers la terre

comme pour une révérence suprême à la vie qui la quitte; elle agonise, elle râle; avec des gestes saccadés de souffrance, elle secoue sa marotte sur le sol, comme on ferait d'une branche mouillée pour en laisser tomber les dernières gouttelettes d'eau. Et son corps est si penché que, de sa tête retombée, les deux coques de mousseline pendent comme les oreilles d'une grande levrette blanche... Un dernier spasme plein de grâce, et elle s'affaisse, la vierge très pure, — c'est fini, elle s'est éteinte, elle est morte...

Indifférente, elle vient se rasseoir dans sa pose première, attendant une offrande nouvelle pour recommencer tout, avec des attitudes absolument pareilles.

Nous allons franchir maintenant la muraille beaucoup plus magnifique de la troisième enceinte, tout en laque d'or celle-ci, avec soubassement de bronze. Elle est divisée en une série de panneaux ajourés, où sont représentées, en sculpture profonde, toutes les bêtes de l'air et de l'eau, toutes les fleurs connues et toutes les feuilles : des méduses d'or étendent leurs tentacules parmi des algues d'or ; sur des branches de glycines d'or, ou sur des roses, des cigognes d'or ouvrent leurs ailes, des phénix d'or déploient leur queue et font la roue. Une toiture de bronze, soutenue par des rangées d'animaux de toutes sortes, recouvre d'un bout à l'autre cette muraille, débordant beaucoup pour abriter tout cela contre les pluies des hivers. La porte d'entrée nous arrête comme une merveille plus étonnante que toutes celles déjà vues; ses battants énormes sont en laque finement ouvragée; ses ferrures d'or sont des pièces d'orfèvrerie découpées et gravées avec le goût le plus rare. Elle est gardée, non pas comme celle des temples ordinaires, par deux colosses au ricanement horrible, mais par deux dieux de figure et de grandeur humaines, ayant des rides de vieillard, un teint de cadavre, une expression de tranquillité rusée et pas sûre; ils siègent, l'un à droite, l'autre à gauche, sur des trônes, dans des niches délicieusement remplies de branches de roses et de pivoines en nacre et en ivoire. La toiture de bronze qui surmonte cette porte ne saurait être ni décrite, ni dessinée, avec sa hauteur monumentale, sa complication extrême, ses courbes qui se superposent, ses fleurons d'or, ses angles retroussés d'où pendent, comme des tulipes renversées, de longues cloches d'or. Elle est soutenue par une armée de « chiens-célestes », de dragons et de chimères, qui s'avancent comme des gargouilles, s'étagent les uns par-dessus les autres en six rangées compactes; une armée griffue, cornue, méchante; un cauchemar d'or, figé là en pleine fureur, et s'extravasant par le haut comme une masse qui va tomber, se désagréger, s'élancer;

toutes les gueules ouvertes, tous les crocs dehors,
tous les ongles dégainés, toutes les têtes penchées
et les gros yeux sortis des orbites pour mieux
regarder qui ose venir...

Passant sous cette pyramide de bêtes, nous
entrons enfin dans la troisième et dernière enceinte,
au fond de laquelle le temple splendide est bâti,
ce temple qui s'appelle : « le palais de l'Éclat
d'Orient ».

Ici, il n'y a plus rien, plus même de cèdres,
cette cour est vide et à air libre, comme pour
laisser un peu de repos aux yeux et à l'esprit,
avant la merveille finale qui est le sanctuaire.

Toujours personne, que mon guide et moi-
même. Mais tout à coup nos pas, qui jusqu'à présent avaient été silencieux sur le sable et la mousse,
résonnent bruyamment; nous marchons sur une
couche de galets noirs qui roulent l'un contre
l'autre avec un petit fracas particulier, très
sonore. (Une chose d'étiquette, paraît-il, ces
galets aux abords des temples; les portes étant
constamment ouvertes, les dieux et les esprits
doivent être prévenus, par ce bruit de pas, que
quelqu'un vient.) Personne, — et un lieu magnifiquement sinistre, une cour déserte, dont le sol
est noir et où l'on est emprisonné entre des
murailles d'or; je me prends maintenant à songer
à cette idée apocalyptique, *en or fin transparent*

comme verre, dont le premier fondement était de jaspe, le second de saphir, le troisième de calcédoine... D'ailleurs toutes les bêtes de l'Apocalypse, descendues du ciel, sont venues se ranger en légions sur ce temple, qui est maintenant devant nous, occupant tout le fond de cette cour. Sa façade et son portique rappellent la précédente enceinte, avec plus de richesse encore, plus de recherche surtout et de rareté exquise dans les formes ornementales ; la conception d'ensemble en est encore plus étrange et plus mystérieuse ; ses « chiens-célestes » et ses dragons d'or, plus extravagants d'attitudes, semblent plus menaçants, plus furieux de nous voir.

Ce temple a trois cents ans ; il est entretenu avec un soin minutieux ; on n'a pas laissé ternir une seule de ses dorures ; il ne manque pas un pétale à ses milliers de fleurs, ni une main à ses milliers de personnages, ni une griffe à ses milliers de monstres. Et cependant, à je ne sais quoi d'un peu atténué dans son éclat, d'un peu déjeté dans ses grandes lignes, on a parfaitement conscience de sa vieillesse ; et puis il y a ces granits et ces bronzes des soubassements sur lesquels, par un affinement de goût, on a respecté les mousses envahissantes, les lichens lentement rongeurs : tout cela accentue la notion que l'on perçoit, dès l'abord, de son grand âge. Et cette notion, du reste, est nécessaire à apaiser l'esprit ; car, si dans les

temples de l'Égypte on s'inquiète malgré soi des
générations de travailleurs qui ont dû s'user à
remuer ces granits immenses, ici on songe à tant
de sculpteurs obstinés qui ont dû, pendant leur
existence entière, s'épuiser à fouiller ces prodigieuses murailles en dentelle; et cela repose vraiment, de se dire qu'ils sont depuis longtemps
morts, ces gens fatigués; qu'ils sont depuis longtemps au grand calme dans cette terre — d'où
sortent peu à peu maintenant ces patientes petites
mousses attaquant par la base leur œuvre labo-
rieuse, ces fines petites fougères mêlant leurs
découpures à celles si pénibles du bois durci et
du métal...

Ce peuple qui bâtit avec du bronze, de l'ivoire
et de la laque d'or, quelle impression de barbarie
doit-il recevoir de nos monuments, à nous, en
simple pierre; plus grands que les leurs, il est
vrai, mais d'un aspect si rude et d'une teinte si
grise, composée au hasard par la poussière et les
fumées. Même les sculptures de nos églises
gothiques doivent leur sembler des œuvres d'une
inexpérience enfantine, exécutées sur des matériaux vils.

Et comme nous avons peine à nous figurer,
devant ces choses si étonnamment conservées, que,
depuis trois siècles, des pèlerins innombrables
aient pu venir ici tous les ans, quelquefois par
milliers ensemble : foules bien différentes des

nôtres, évidemment; foules soigneuses, polies, s'avançant avec des révérences, sur des sandales légères, au frou-frou des soies, au bruit des éventails.

Une telle conservation est déjà, à elle seule, un de ces prodiges japonais qui seraient bien impossibles chez nous, avec nos cohues de gens grossiers et casseurs...

Nous traversons cette cour vide. Le soleil matinal y pénètre; deux de ces murailles d'or sont dans l'ombre, les deux autres brillent; les têtes des grands cèdres d'alentour les dépassent; on sent qu'on est au milieu des bois, et on entend bruire les cascades.

A la porte du *palais de l'Éclat d'Orient*, nous nous arrêtons sur de grandes marches de bronze pour nous déchausser comme c'est l'usage.

De l'or partout, de l'or resplendissant. Une ornementation indescriptible a été choisie pour ce seuil : sur les montants énormes, sont des espèces de nuages moirés, d'ondulations marines, au milieu desquels apparaissent çà et là des tentacules de méduses, des extrémités de pattes griffues, des pinces de crabes, des bouts de longues chenilles plates et squameuses; toutes sortes de fragments horribles, imités, en gigantesque, avec une vérité saisissante et donnant à penser que les bêtes auxquelles ils appartiennent sont là, à demi cachées

dans l'épaisseur des murailles, prêtes à enlacer,
à déchirer les chairs. Cette splendeur a des dessous
mystérieusement hostiles ; on la sent pleine de
surprises et de menaces. Au-dessus de nos têtes,
les linteaux sont ornés cependant de grandes fleurs
exquises en bronze ou en or : roses, pivoines,
glycines, branches printanières de cerisier aux
boutons entr'ouverts ; mais, plus haut encore, des
visages effrayants, immobilisés dans des grimaces
macabres, se penchent vers nous ; des épouvantes
de toutes formes se tiennent accrochées par leurs
ailes d'or aux solives d'or des toitures ; on aperçoit en l'air des alignements de bouches fendues
par des rires atroces, des alignements d'yeux à
demi perdus dans d'inquiétants sommeils...

Un vieux prêtre, averti par le bruit des galets
dans le silence de la cour, paraît derrière nous
sur le bronze du seuil. Pour examiner ma per-
mission que je lui présente, il met sur son nez
des lunettes rondes qui lui font un regard de
chouette.

En règle, mes papiers. Une révérence, et il
s'écarte pour me laisser entrer.

Dans ce palais il fait sombre, de cette mystérieuse demi-obscurité où se complaisent les
Esprits. Les impressions qu'on éprouve en y
entrant sont toutes de splendeur et de calme.

Des murailles d'or, et une voûte d'or soutenue

par des colonnes d'or. Une vague lumière frisante,
éclairant comme par en dessous, entrant par des
fenêtres très grillées, très basses; des fonds téné-
breux, indécis, pleins de miroitements de choses
précieuses.

Des ors jaunes, des ors rouges, des ors verts;
des ors vifs ou atténués, discrets ou étincelants;
çà et là, aux frises, aux chapiteaux exquis des
colonnes, un peu de vermillon, un peu de vert
émeraude; très peu, rien qu'un mince filet de
couleur, juste assez pour relever quelque aile
d'oiseau, quelque pétale de lotus, de pivoine ou
de rose. Aucune surcharge malgré tant de richesse;
un tel goût d'arrangement sous des milliers de
formes diverses, un tel accord dans des dessins
d'une complication extrême, que l'ensemble paraît
simple et reposé.

Pas de figures humaines, pas d'idoles nulle
part dans ce sanctuaire du shintoïsme. Sur les
autels, rien que des grands vases d'or remplis de
fleurs naturelles en gerbes ou de gigantesques
fleurs d'or.

Pas d'idoles, mais des nuées de bêtes, ailées ou
rampantes, connues ou chimériques, se poursuivant aux murailles, s'envolant aux frises et aux
voûtes, dans toutes les attitudes de la fureur et de
la lutte, de l'épouvante et de la fuite. Ici, un vol
de cigognes détalant à tire-d'aile le long d'une
corniche d'or; ailleurs des papillons avec des tor-

tues ; de grands insectes hideux parmi des fleurs ou bien des combats à outrance entre bêtes fantastiques de la mer, méduses à gros yeux et poissons de rêve. Des plafonds où se hérissent et s'enchevêtrent des dragons innombrables. Des fenêtres découpées en trèfle multiple, d'une forme jamais vue, et qui éclairent à peine, qui semblent n'être qu'un prétexte à étaler toutes sortes de merveilles ajourées : treillages d'or où s'accrochent des feuillages d'or et sur lesquels jouent des oiseaux d'or ; tout cela accumulé comme à plaisir et laissant entrer le moins de lumière possible dans la profonde pénombre dorée du temple. Seules, les colonnes sont réellement simples, en fine laque d'or tout unie, avec des chapiteaux d'un dessin très sobre formant un peu calice de lotus, comme dans certains palais de l'Égypte antique.

On pourrait passer des journées à admirer séparément chaque panneau, chaque pilier, chaque détail infime ; le moindre petit morceau de la voûte ou des murs serait à lui seul une pièce de musée. Et tant de rares et extravagantes choses, arrivant à composer dans leur ensemble de grandes lignes tranquilles ; tant de formes vivantes, tant de corps contournés, d'ailes rebroussées, de griffes tendues, de gueules ouvertes et de regards louches arrivant à faire du calme, du calme absolu, à force d'harmonie inexplicable, de demi-jour, de silence...

Je crois du reste que c'est ici la quintessence de cet art japonais dont les lambeaux apportés dans nos collections d'Europe ne peuvent donner l'impression vraie. Et comme on est frappé de sentir cet art si éloigné du nôtre, parti d'origines si différentes; rien qui dérive, même de loin, d'aucune de ces antiquités *à nous*, grecque, latine ou arabe, auxquelles sont puisées toujours, sans que nous nous en rendions compte, nos notions natives sur les formes ornementales; ici, le moindre dessin, la moindre ligne, tout nous est profondément étranger, autant que pourraient l'être des choses venues de quelque planète voisine, jamais en communication avec notre côté de la terre.

Tout le fond du temple, où il fait presque nuit, est occupé par de grandes portes de laque noire et de laque d'or, à ferrures d'or ciselé, fermant un lieu très saint que l'on refuse de me montrer. On m'explique du reste qu'il n'y a rien dans ces armoires; mais ce sont des endroits où les âmes divinisées des héros aiment à se tenir; les prêtres ne les ouvrent qu'à certaines occasions, pour y déposer des poésies à leur louange, ou des prières écrites savamment sur des papiers de riz.

De chaque côté du grand sanctuaire d'or deux ailes latérales sont tout en marqueteries, en prodigieuses mosaïques, composées avec les bois les plus précieux auxquels on a laissé leurs couleurs

naturelles. Cela représente des animaux et des
plantes; sur les murs, des feuillages légers en
relief, des bambous, des graminées d'une finesse
extrême, des lianes d'où retombent des grappes
de fleurs; des oiseaux à grand plumage, paons,
faisans ou phénix la queue déployée. Aucune
peinture, aucune dorure; ici, l'ensemble est
sombre, le ton général est celui du bois mort;
mais chaque feuille de chaque branche est faite
d'un morceau différent; et aussi chaque plume de
chaque oiseau, de manière à former, sur les
gorges et sur les ailes, des nuances dégradées,
presque changeantes.

Et enfin, enfin, derrière toutes ces magnificences, le lieu le plus saint, qu'on me montre en
dernier, le lieu étrange entre les plus étranges :
la petite cour funèbre qui renferme le tombeau.
Elle est creusée dans la montagne, entre des
parois rocheuses d'où l'eau suinte : les lichens et
les mousses y font des tapis humides et les grands
cèdres d'alentour y jettent leur ombre noire. Il y
a là un enclos de bronze, fermé par une porte de
bronze, qui est marquée en son milieu d'une
inscription d'or, — non plus en langue japonaise,
mais en langue sanscrite pour plus de mystère;
porte massive, lugubre, inexorable, extraordinaire au delà de toute expression, et qui est
comme l'idéal même de la porte de sépulcre. Au
centre de l'enclos, une sorte de guérite ronde

également en bronze, ayant forme de cloche de
pagode, forme de bête accroupie, forme de je ne
sais quoi d'inconnu et d'inquiétant, et surmontée
d'une grande fleur héraldique étonnante : c'est
là, sous cette chose singulière, que s'est dé-
composé le corps du petit bonhomme jaune
qui fut l'empereur Yeyaz et pour lequel tant
de pompe a été déployée. Dans ce même
enclos, un autel funéraire supporte ces trois
objets traditionnels : le brûle-parfums à pans
carrés ayant sur son couvercle un « chien-
céleste » assis, la cigogne symbolique debout
sur la tortue, et le vase avec son bouquet de
lotus; — tout cela en bronze; tout cela un
peu plus grand que nature, la cigogne haute
comme une autruche, le brûle-parfums pouvant servir de berceau à un enfant, les feuilles
du lotus larges comme des boucliers; mais tout
cela relativement simple après le luxe insensé
du temple; d'une simplicité ruineuse, il est vrai,
et très exquise...

Un peu de vent ce matin agite les branches
des cèdres, et il en tombe une pluie de petits
piquants desséchés, une pluie brune sur les
lichens grisâtres, sur les mousses en velours vert
et sur les sinistres objets de bronze. Les cascades
font leur bruit, qui est comme une perpétuelle
musique sacrée, dans le lointain. Une impression
de néant et de paix suprême plane dans cette

dernière cour, à laquelle tant de splendeurs
aboutissent.

Dans un autre quartier de la forêt, le temple
de l'âme divinisée d'Yemidzou est d'une magnificence à peu près égale. On y arrive par les
mêmes séries de marches, de petits phares ciselés
et dorés, de portiques de bronze, d'enceintes de
laque; mais le plan d'ensemble se démêle moins
bien, parce que la montagne est là plus tourmentée.
Les gardiens du seuil, au lieu d'être des vieillards
somnolents et pâles assis dans des fauteuils,
comme chez Yeyaz, sont deux colosses de dix-
huit pieds, debout, nus, musclés comme l'*Hercule
Farnèse*, l'un à peau rouge, l'autre à peau bleue,
tous deux horribles, gesticulant, menaçant de la
main levée, menaçant du regard, du rire moqueur
et des dents pointues qui semblent grincer. Après
eux, plus loin, il faut passer encore entre deux
autres épouvantes : le dieu du Vent et le dieu du
Tonnerre, géants aussi, et furieux, le rire atroce
et la main prête à frapper.

Et puis viennent les mêmes portes merveilleuses, fouillées à jour, laquées et dorées; les
mêmes pléiades de « chiens-célestes » et de chimères; les mêmes enchevêtrements fantastiques
de chevrons et de gargouilles sous les hautes
toitures en bronze; les mêmes murailles d'or.

Au dedans, un étincellement d'or pareil à celui

de chez Yeyaz. Vraiment, des palais de ces âmes, on ne sait lequel est le plus beau; l'étonnement est que le même peuple ait trouvé le temps d'en construire deux. Ce qui est particulier à ce dernier, c'est une rangée d'énormes vases en bronze doré, d'une forme religieuse consacrée, qui sont posés à terre, et d'où s'élèvent jusqu'au plafond des arbres d'or de grandeur naturelle : un bambou d'or d'une légèreté de folle-avoine; un cèdre d'or, avec ses milliers de petits piquants si fins; un cerisier d'or, en fleurs comme au printemps. Chacune de ces plantes, copiée avec cette fidélité à la fois très naïve et très habile qui est spéciale à l'art japonais, et formant comme un brouillard d'or plus clair, en avant de la pénombre dorée qui est le fond de tout dans cette demeure.

Et ces belles choses aboutissent, cela va sans dire, à la petite cour du Néant, où se tiennent la sinistre guérite de bronze recouvrant le cadavre, et l'autel avec sa cigogne, son vase à encens, son lotus. Sur la petite porte basse du sépulcre, brille l'inscription indéchiffrable; sur le couvercle du brûle-parfums, le « chien-céleste » ricane, de son ricanement toujours le même; mais tout cela semble un peu usé, un peu raviné par le temps, par les pluies; et devant ce délabrement du bronze on s'étonne davantage de la résistance, de la fraîcheur inaltérée des laques et des ors; on a mieux conscience aussi de l'antiquité du lieu. Et puis il fait plus lugubre ici que chez Yeyaz; c'est plus encaissé, plus obscur sous les cèdres; des suintements d'eau partout; l'humidité verdâtre des fonds de puits, l'envahissement des capillaires et de certaines mousses, voisines des algues, qui, d'ordinaire, ne croissent que dans les fontaines...

Il y a dans la Sainte Montagne encore beaucoup d'autres temples, d'autres portiques de bronze aux architraves relevées en croissant de lune, d'autres kiosques, d'autres tombeaux; on y monte, sous la même voûte d'arbres gigantesques, par d'autres avenues bordées des mêmes balustres et tapissées des mêmes velours verts; c'est toute une ville des Esprits, bâtie sous bois et sans habitants visibles.

Mais ces deux temples d'Yeyaz et d'Yemidzou sont d'une beauté trop écrasante; on passe ensuite indifférent devant les autres, qu'on aurait certainement beaucoup admirés ailleurs. Du reste, à la longue, on éprouve une lassitude à voir tant d'or, tant de laque, tant d'étonnant travail accumulé; c'est comme un enchantement qui durerait trop; et puis cela dégoûte de ce qu'on avait vu précédemment, de ce que l'on possède et des lieux qu'on habite, si recherchés qu'ils puissent être; cela fait prendre en pitié beaucoup de belles choses terrestres. — Et si c'est une fatigue de regarder, à plus forte raison sans doute en est-ce une de lire ces descriptions que je fais, qui ne peuvent être que des espèces de minutieux inventaires de richesses et où le mot or revient fatalement à chaque ligne.

J'ai dit qu'il n'y avait personne dans ces temples, personne que les prêtres gardiens : quelques vieux bonshommes à tête grise et à longs cheveux; aussi quelques petites filles occupées ce matin à changer les fleurs naturelles, dans ces vases sacrés où depuis des siècles on entretient de sveltes bouquets, hauts sur tige. On n'attendait pas de visites, sans doute, et cependant il y a déjà des fleurs partout : fleurs d'automne, scabieuses et grands chrysanthèmes arrangés là avec ce goût japonais qui leur imprime une certaine élégance à part, très différente de celle que nous saurions leur donner.

Je n'avais encore jamais vu brosser de la mousse. Ici, devant un temple, je trouve deux bonzes occupés à ce travail; avec des espèces de balais fins, ils époussettent l'incomparable tapis de velours vert qui recouvre les dalles de granit de leur cour, et sur lequel tombent sans cesse, obstinément, les petits piquants bruns des cèdres. A les regarder faire avec tant de soin, on sent qu'ils ont l'admiration de ces mousses et de ces lichens, de tout ce luxe intime de la forêt qui est plus beau à Nikko qu'ailleurs, et que les dieux aiment aussi.

Plus haut, vers les cimes, là où s'arrêtent les avenues bordées de balustres pour faire place aux

petits sentiers pleins de fougères et de racines,
dorment au bruit des cascades d'autres saints
beaucoup plus vieux : tous ces premiers sages
qui, dès le IIIe et le IVe siècle, sanctifièrent la montagne; leurs tombeaux de granit, très modestes,
très frustes, rappellent presque nos menhirs cel-
tiques. Il y a aussi de petits temples grossiers,
où les femmes apportent, pour devenir mères,
des vœux écrits sur des plaquettes de bois; et
ces plaquettes amoncelées pourrissent devant les
portes. Il y a des rochers miraculeux que l'on
vient, de très loin, toucher pour être guéri de
maladies affreuses et qui sont polis et usés par les
mains. Il y a toutes sortes de pierres consacrées
possédant des vertus magiques; il y a toutes sortes
de statues de granit, debout dans des recoins ou
effondrées sous des herbes, presque informes à
force d'être vieilles et moussues. Et puis il n'y a
plus rien, que la forêt sauvage; tout finit, même
les sentiers. Les cascades seules, échevelées, plus
minces, plus froides, continuent de se démener et
de bruire, dégringolant des derniers sommets;
c'est le centre de la grande île japonaise, et on
arrive tout de suite à la région où n'habitent plus
que ces ours, dont les peaux grises alimentent les
boutiques de Nikko.

Il est environ une heure de l'après-midi lorsque
je redescends de ma première visite, commencée

de si bon matin à la Sainte Montagne. Quand j'approche de nouveau du quartier magnifique des empereurs, le soleil plus élevé et plus clair perce mieux la voûte noire des arbres, ruisselle davantage sur les monstres d'or et les rosaces d'or, aux faîtes des temples. Vue par en dessus, des hauteurs surplombantes, cette ville des morts paraît comme aplatie sous ses toits lourds revêtus de bronze : c'est une des étrangetés, et peut-être un défaut de cette architecture, ces toits trop compliqués, trop débordants, trop énormes, posés comme d'écrasantes carapaces, sur des murailles merveilleuses, mais en somme peu élevées.

Il fait plus chaud en redescendant. Les cigales chantent comme au beau mois de juin et des singes sautent dans les branches, en criant avec des voix d'oiseau, aigres et vilaines. Quel pays où tout est bizarre, ce Japon! Un hiver presque comme celui de France, avec des gelées, des neiges, — et les cycas poussent tout de même, les bambous deviennent grands comme des arbres; d'un bout de l'année à l'autre les cigales chantent; les singes frileux trouvent moyen de vivre dans les bois, les campagnards vont presque nus aux champs, et tout le monde grelotte dans des maisons de papier. Vraiment on dirait d'un pays tropical qui serait remonté vers le nord sans s'en

apercevoir, étourdiment, sans prendre ses dispo-
sitions d'hiver.

Nous voici tout en bas, revenus au pont des
pèlerins, puis repassés sur l'autre rive, sortis de
la forêt sainte.

Finie, l'ombre triste des cèdres ; à présent, c'est
tout à coup la grande lumière, l'air libre, la
voûte du ciel bleu. Le village de Nikko se chauffe
au soleil, après avoir eu si froid cette nuit. Une
légère buée blanche d'automne flotte sur les maisonnettes ; mais au-dessus, l'atmosphère est très
pure, les cimes boisées se découpent avec une netteté extrême sur le vide d'en haut. Une quantité
de nouvelles peaux d'ours ont été étalées à sécher,
en plus de celles qui déjà ce matin pendaient tout
le long de la rue. Des messieurs japonais, qui
flânent et font la belle jambe devant les petites
boutiques d'objets de piété, m'adressent des révérences profondes : mes coureurs d'hier, que je
ne reconnaissais pas, en si galantes robes de co-
tonnade à fleurs ! Ils espèrent toujours, me disent-
ils, avoir l'honneur de me ramener à Utsunomya,
et me prient de leur renouveler la promesse que
je leur en ai faite au départ. — Oh ! très volontiers, car ils courent vraiment fort bien.

Au sortir de ce sombre rêve d'or qui est la
Sainte Montagne, tout ce Japon ordinaire semble
encore plus saugrenu, plus comique, plus petit.

On m'avait dit à Yeddo que la saison était beaucoup trop avancée pour faire ce voyage ; je la crois au contraire on ne peut mieux choisie : si j'étais venu au printemps, qui rayonne très gaiement sur le Japon, ou bien à la splendeur de l'été, quand il y a ici des pèlerins accourus de toutes les îles de l'empire, je n'aurais pas connu cette impression inoubliable, d'arriver seul visiteur dans cette nécropole splendide, en entendant la grande musique des eaux grossies, en sentant partout dans la forêt la mélancolie de novembre...

Indépendamment de la Sainte Montagne, tous les environs de Nikko, tous les bois d'alentour sont remplis de sépultures vénérées, de lieux d'adoration.

Une après-midi, je remonte le cours du torrent qui sépare le village de la ville dorée des morts, mais cette fois sur la rive opposée à celle des grands temples. Tout au bord du lit creux et profond où se démènent les eaux bruissantes, j'ai pris un sentier plein de campanules et de scabieuses, le long du bois. Et il y a là partout des tombes très antiques, rongées de mousse, des bouddhas en granit cachés sous les verdures jaunies où effeuillées, des inscriptions en langue sanscrite qui doivent dater d'époques bien lointaines. Plus on s'élève, plus le torrent s'agite et fait tapage ; il bouillonne au fond de son abîme, sur

un amoncellement de gros blocs d'un gris souris,
qui sont tous ronds, tous polis et striés comme
des dos de bêtes : on dirait des éléphants morts,
effondrés en troupeaux au milieu de l'écume
blanche. Des montagnes abruptes, très boisées,
encaissent cette vallée de plus en plus ; elles montent dans le ciel verticalement, avec des cimes
pointues, des dentelures excessives. Un chaud
soleil brille encore, mais on a conscience de
l'arrière-automne, à cause de ces graminées
desséchées qui jettent sur tous les buissons des
nuances grisâtres, à cause de ces tons si variés
qu'ont les bois. Il y a des érables qui sont violets, et d'autres qui sont complètement rouges.

De loin en loin, quelques pauvres hameaux,
qui ont l'air sauvage. Des paysans à longs cheveux
et à chignon ; tout nus, de petite taille, mais qui
semblent coulés en beau bronze.

Inutile de leur demander des renseignements
sur les chemins à ceux-ci, je sais cela depuis
longtemps : avec des sourires et des saluts, ils
s'amuseraient à m'égarer.

Dans le sentier, un petit garçon d'une huitaine
d'années, vêtu mais déguenillé, vient là-bas devant
moi ; il porte, attaché sur son dos, un petit frère
naissant, emmailloté et endormi. Au moment où
nous nous croisons, il me fait une grande révérence de cérémonie, si inattendue, si comique et
si mignonne en même temps que je lui donne des

sous. Et puis je continue ma route sans plus penser à lui, ne croyant plus le revoir.

Toujours des bouddhas en granit, de très vieux bouddhas, assis de distance en distance sous les buissons et les épines. En voici maintenant un vrai régiment, au moins une centaine, tous pareils, et très bien alignés, formant une courbe qui suit la direction du torrent; sans doute ils regardent les eaux courir et bondir au fond de leur lit sombre... Je me rappelle à présent qu'on m'avait parlé de ceux-ci; il y a même sur eux cette légende, qui circule à Yeddo : personne, paraît-il, n'a jamais pu savoir leur nombre; les différents pèlerins qui ont essayé de les compter n'ont pas réussi à tomber d'accord, et il en est résulté des disputes, des rancunes.

Ils sont bien laids, ces gnomes, et doivent être malfaisants, c'est certain. Le temps et le lichen leur ont mangé des morceaux de figure, quelquefois une de leurs longues oreilles, ou bien le nez. Devant chacun d'eux traînent dans l'herbe des cendres noires, des débris de baguettes d'encens, restes des pèlerinages de l'été. Des petites bandes blanches ou rouges, portant des caractères imprimés, sont collées au hasard sur leurs ventres; cartes de visite des fidèles qui sont venus, à la saison, leur rendre hommage ou leur demander grâce; et les pluies ont détrempé ces papiers.

Plus loin, au bord de ce même sentier des
bois, une grotte, marquée d'une inscription bouddhique, ouvre dans une roche son trou obscur.
Horreur! elle est jonchée par terre de cheveux
humains, jonchée de ces longues mèches noires,
rudes et grasses, qui poussent sur les têtes japonaises. A quel usage est-elle donc, cette grotte, et
qu'est-ce qui peut bien s'y passer?...

Plus loin encore, beaucoup plus loin et plus
haut, dans une sorte de large cirque tapissé de
verdure, neuf cascades dégringolent à la fois,
toutes semblables et lancées côte à côte dans le
vide.

Et enfin, dans une région très élevée où j'arrête
ma promenade, un grand lac mystérieux s'étend,
à je ne sais quelle hauteur au-dessus du niveau
des mers, entre des montagnes et des forêts
profondes où ne se voit plus aucune trace des
hommes.

Revenant de ma longue course, le soir, au
baisser du soleil, j'aperçois là-bas, au même point
où je l'avais rencontré au départ, le petit bonhomme qui m'avait fait une révérence si belle. Il
a toujours sa petite poupée de frère sur son dos,
et il est posté comme pour me saisir au passage,
sachant bien que je n'ai pas d'autre route de
retour.

Il m'a vu, et il vient à moi, traînant ses pauvres

socques de bois, tout courbé sous le poids du bébé endormi : c'est pour m'offrir, en reconnaissance des sous que je lui ai donnés, un bouquet de campanules qu'il a cueillies pour moi. Une nouvelle révérence très mignonne, et il se sauve, évidemment sans rien attendre.

Eh bien! c'est le seul témoignage de cœur et de souvenir qui m'ait été donné au Japon, depuis tantôt six mois que je m'y promène. Je rappelle l'enfant, très touché de sa petite idée; je l'embrasserais presque, s'il n'était pas si laid et si malpropre; mais vraiment il n'y a pas moyen. Comment s'y est-il pris pour être si mal venu, à ce bon air des montagnes, à cette fraîcheur vivifiante des torrents? Il a du mal plein les cheveux, son petit frère aussi; on n'a même pas pu les raser par places pour leur composer cette coiffure en quouettes séparées qui est réglementaire pour les bébés de leur race. Mais il me regarde avec de si bons yeux, si expressifs, si tristes... Pauvre petit être manqué, destiné à végéter misérablement quelques années dans ces bois, sans rien connaître ni jouir de rien, jusqu'à l'heure de s'en retourner féconder les racines des plantes vertes... Quel mystère, qu'un seul regard furtif de lui ait pu faire ce que souvent les beaux discours de mes semblables ne font pas, me pénétrer si profondément, trouver le chemin de ce qu'il y a en moi de meilleur et de plus

enfoui, évoquer si vite le sentiment de l'univer-
selle fraternité de souffrance, la pitié douce et
profonde !...

Je lui donne tout ce que j'ai de monnaie dans
ma bourse, plein sa petite main qu'il laisse ouverte,
ne pouvant croire à tant de richesse. Et je m'en
vais, emportant mon bouquet de campanules
sauvages, le seul souvenir désintéressé qui me
restera de ce pays.

Une heure solennelle, dans la Sainte Montagne,
est celle de la tombée du jour, quand on ferme
les temples. C'est une heure un peu lugubre
aussi, surtout à cette saison d'automne où les cré-
puscules portent en eux-mêmes un recueillement
triste. Avec des bruits lourds, qui se prolongent
dans la sonorité de dessous bois, les grands panneaux de laque et de bronze roulent sur leurs
glissières, murant les demeures magnifiques qui
ont été ouvertes tout le jour et où personne n'est
venu. Un frisson de froid humide passe sous les
hautes futaies noires. A cause du feu, qui pourrait
consumer ces merveilles, aucune lumière ne s'allume nulle part, dans cette ville d'Esprits où
cependant il fait sombre plus tôt et plus longtemps
qu'ailleurs ; aucune lampe ne veille sur ces
richesses qui, depuis des siècles, dorment ainsi
dans l'obscurité, au centre du pays japonais ; et
les cascades grossissent leur musique, à mesure

que le silence de la nuit se fait dans le bois plein
d'enchantements...

On est très obséquieux à la maison-de-thé,
quand je rentre le soir; l'hôte, mes coureurs et
les jeunes servantes s'empressent à délacer mes
guêtres et mes bottines, me tirant les jambes en
tous sens. Et puis, en pieds de bas, je monte dans
ma chambre de papier, par le tout petit escalier
luisant qui craque et tremble.

C'est l'heure du bain; quelqu'une des servantes, qui court toute nue sous la véranda, une
lanterne d'une main, une serviette de l'autre,
prête à se plonger dans l'eau tiède, s'arrête pour
s'informer si je n'irai pas me baigner, moi aussi.
Mon Dieu, cela dépend; j'en ai grande envie, mais
comme la cuve est commune à tout le monde, je
désire m'assurer d'abord s'il n'y a pas parmi les
voyageurs quelques messieurs nippons avec qui
cette promiscuité me serait pénible. — Non,
rien que des voyageuses, ce soir, rien que des
dames; c'est déjà un grand point. Une mère de
famille, encore à la fleur de l'âge, et ses deux
filles d'une quinzaine d'années, toutes trois ave-
nantes, saines et fraîches. Alors, oui, je serai de
la partie.

Donc, il faut redescendre, à l'aide d'une lanterne et d'une paire de socques appropriés à la circonstance; il faut traverser le jardin, pour gagner

la salle isolée où cette baignade se passe. Déjà un froid de loup, dans ce jardin maniéré, qui est envahi complètement par la nuit et où le brouillard des soirées de novembre est descendu sur les rocailles et les plantes naines ; autour de ces petites choses, les montagnes font de grandes murailles noires où l'on entend courir des cascades ; et un peu de lumière reste encore, tout en haut, dans le ciel d'un rose glacial d'hiver, où brillent les premières étoiles ; — tout cela triste, je ne saurais vraiment pas trop définir pourquoi ; tout cela étrange surtout, étrange et *lointain*, avivant l'impression que j'avais déjà, depuis la tombée du jour, des distances extrêmes entre les pays, des abîmes entre les races, et en particulier de l'isolement de ce village perdu...

Les belles voyageuses m'ont précédé dans l'eau, à ce qu'il paraît, car en approchant j'entends leurs éclats de rire mêlés à des clapotements légers, — et la tristesse des choses me semble s'envoler d'un seul coup, à ces bruits drôles.

Une douce chaleur, en entrant dans la petite salle basse, emplie d'une buée blanchâtre ; la lampe éclaire avec discrétion, enfermée dans une guérite carrée en papier transparent, sur laquelle sont peintes, cela va sans dire, deux ou trois chauves-souris. Tout est en bois, les murs, les bancs, les berges étroites où l'on se déshabille, et la piscine où les voyageuses sont déjà plongées ;

un bois blanc, savonné, sur lequel on se sent en
danger de perpétuelle glissade ; un bois très
propre assurément, mais trop poli par le contact
des corps humains et gardant l'odeur fauve de la
chair jaune.

Ces trois dames ont le bain extrêmement
folâtre ; une barrière à claire-voie, comme celle
qu'on met dans les aquariums pour faire des com-
partiments spéciaux à certains phoques, me
sépare de leurs jeux ; mais, par-dessus cette clô-
ture anodine, nous échangeons quelques agaceries
charmantes, agitant en l'air ces bandes d'étoffe
bleue, ornées de sujets drolatiques blancs et noirs,
qui sont les serviettes japonaises. L'hôte et l'hôtesse, debout sur la berge glissante, assistent à
ces ébats ; non pour les contrôler, car ils profes-
sent un détachement absolu des incidents qui
pourraient survenir ; mais par politesse et pour
être prêts à essuyer, avec des linges chauds, les
personnes des deux sexes qui leur en feraient la
demande.

Au sortir de la piscine, je trouve ma dînette de
poupée toute prête, dans mon logis que réchauffe
une urne de bronze pleine de feu.

Mais quand je suis assis par terre, devant mes
petits plateaux, devant mes petites tasses couvertes à devinettes, et mes petites soucoupes,
voici que peu à peu cette chambre s'emplit de
personnages inconnus, qui entrent l'un après

l'autre, sans bruit, furtivement, cauteleusement,
avec des révérences, — et s'asseyent — et débal-
lent sur les nattes des objets inouïs : vieux ivoires
drolatiques, petits dieux de laque et d'or, vieilles
étoffes provenant des temples, vieilles images
mythologiques représentant des scènes à faire
frémir. Ce sont tous les marchands d'antiquités
de Nikko, ameutés autour de ce visiteur européen qui leur est arrivé, unique et inattendu en
une saison pareille. Et maintenant, en voici
d'autres encore, qui apportent des ballots inquiétants, énormes : tous les marchands de peaux
d'ours et de peaux de putois, entrant à la file avec
moins de discrétion que les premiers, enhardis
par ma tolérance! Ma chambre est bondée de
monde et de choses; c'est devenu un bazar confus,
indescriptible; je suis absolument débordé par
cette marée montante... Avec mille saluts, mille
sourires, on me secoue des peaux de bêtes sur ma
dînette, pour me faire constater que le poil est
fourni et solide; des gens, pour me montrer des
ivoires, me tirent par ma manche, quand j'ai déjà
tant de peine à manger convenablement avec mes
baguettes.

Je n'avais nulle intention de faire des achats à
Nikko, ce dont ces marchands s'aperçoivent et ce
qui est une excellente condition pour ne pas payer
cher. Ils s'entêtent, baissent leurs prix jusqu'aux
dernières limites; cela devient une espèce de vente

à la criée, très comique, aux enchères décroissantes. Et je me trouve enfin embarrassé d'une grande fourrure dont je n'avais aucune envie, de deux éléphants, de plusieurs magots.

C'est assez, par exemple, et comme il n'y a pas moyen de les renvoyer, comme, à ma porte, le monceau menaçant des peaux d'ours grossit toujours, je demande mes couvertures, mon oreiller de peluche noire, puis, résolument, devant tout ce monde, je me couche et ferme les yeux.

Alors, lentement, la foule se dissipe, ma chambre se vide. Les derniers qui s'en vont sont assez aimables pour tirer derrière eux les panneaux en papier, et je me trouve seul, dans un lieu clos.

Encore la promenade agitée des jeunes servantes, en ombres chinoises, sous la véranda, et enfin le silence, le sommeil.

Le matin du départ, aux premiers rayons du soleil levant, tout le monde est debout dans la maison-de-thé. L'hôte, l'hôtesse, les *mousmés*, font à qui aura l'honneur de lacer mes bottines une dernière fois, à qui sera assez heureux pour me verser, à l'heure de la séparation, une suprême tasse de thé. La discussion de la note est longue, comme toujours ; en plus du prix de la pension fixé d'avance, il y a une quantité de surprises qui l'ont beaucoup grossie : mes coureurs ont

mené la grande vie à mes frais; mon guide s'est
fait offrir une gratification et un déjeuner, etc.,
etc. Il faut rectifier tous ces abus, non pour la
somme en elle-même, car elle est encore bien
minime malgré tant de duperies, mais pour n'avoir
pas l'air trop niais, car en ce pays si on se montre
trop généreux, les gens vous récompensent en
moqueries et en mauvais tours.

Pendant cette vérification, mes coureurs, dans
la rue, qui se sont mis en tenue de voyage (petite
veste d'indienne très courte et pas de pantalon),
grelottent, s'impatientent, sautillent d'un pied sur
l'autre, tout courbés, tout ratatinés de froid, leurs
respirations faisant autour d'eux des buées blanches, dans l'air matinal, sec et pur.

Il paraît que tout a été convenablement réglé,
que j'ai payé suffisamment mais pas trop, car les
adieux sont parfaits, — et d'un correct!... Quand
je monte dans mon petit char, tout le personnel
de la maison-de-thé sort sur la porte, puis se
prosterne, tombe à quatre pattes, marmotte en
chœur des vœux de bon voyage.

Dès que j'honore d'un coup d'œil ce groupe res-
pectueux, les chignons s'inclinent davantage et
les fronts touchent le sol. Et toujours, toujours
ainsi; tandis que nous nous éloignons rapidement,
chaque fois que je me retourne pour les apercevoir encore, quand ils sont déjà très loin, devenus
tout petits comme des marionnettes, sous mon

regard ils recommencent leurs plongeons d'ensemble et remettent leurs bouts de nez par terre.

Nikko, le petit village lointain, qui déjà ouvre ses boutiques, étale au soleil ses peaux d'ours et de putois, disparaît bientôt tout au bout de l'avenue des cèdres sombre et majestueuse.

La nef infinie recommence, la nef de dix lieues de long. L'ombre y est glaciale. Mes coureurs filent à toutes jambes; mon petit char s'en va bondissant. J'ai tellement froid, par cette vitesse, que de temps à autre je les arrête pour mettre pied à terre, et, malgré leur indignation, courir aussi.

Cette fois, nous avons pour nous la pente descendante, et puis la lumière, le grand jour. De sorte que nous ne mettons que cinq heures à accomplir ce long trajet, et encore le temps passe-t-il étonnamment vite, coupé par des haltes dans ces auberges de relais où nous prenons un peu de thé, un peu de riz, un peu de chaleur pour nos doigts, devant la braise des réchauds.

Vers midi, Utsunomya, la grande ville, reparaît.

Et Utsunomya est en fête : des illuminations préparées pour le soir, des lanternes partout.

C'est la fête des enfants, me disent mes coureurs; et en effet, ils sont tous dehors, encombrant les petites rues noirâtres, tous bien peignés et en toilette de gala; gentils et impayables, avec

leurs robes longues, leurs grandes ceintures
nouées sur le derrière en coques pompeuses.

Et chacun d'eux traîne une voiture, avec une
poupée assise sur un trône. Les bébés riches ont
des poupées superbes, enguirlandées, enruban-
nées ; les petits malheureux promènent des pauvres vieilles marottes, comme celles du massacre
des Innocents, ornées de papier doré, d'oripeaux.
Un de ces derniers s'arrête sur mon chemin pour
me faire bien remarquer la sienne, qui est très
minable pourtant, mais qu'il aime peut-être beaucoup tout de même ; il la roule dans une voiture
fabriquée d'un débris de caisse, — tout ce que
ses parents ont pu faire de mieux pour lui, sans
doute, — et il me regarde, avec une petite figure
anxieuse de deviner si je la trouverai jolie. Alors
je m'efforce d'avoir l'air de l'apprécier, en me
penchant pour la voir.

Nous approchons maintenant de l'Hôtel de
Ville, monument bien remarquable, tout neuf,
bâti à l'européenne, en style de gare. Il y a des
lanternes vénitiennes alentour, et sur la façade un
cadran marque, comme chez nous, des minutes,
des heures, toute notre division du temps qui aura
bientôt remplacé, au Japon, l'étrange division
ancienne, *l'heure du coq, l'heure du rat, l'heure
du renard...* Dans ce quartier neuf, un spectacle
charmant s'offre à moi tout à coup, sur lequel je
n'avais pas osé compter : le défilé des fonction-

naires! Redingotes noires, chapeaux hauts de forme posés galamment sur des cheveux longs, figures plates sans yeux, gants de filoselle blancs: un édit de Sa Majesté le Mikado les oblige, deux ou trois fois par année, dans les grandes circonstances, à revêtir ce costume occidental qui sied si bien. Je les croise, et leur beau cortège nous force à ralentir notre course. Ils marchent à la queue leu leu, importants, officiels; en les regardant je sens que malgré moi un sourire très visible s'accentue peu à peu sur ma figure.

S'accentue jusqu'au moment où passe un vieux qui me jette un regard de douloureux reproche, ayant l'air de me dire : « Tu te moques de nous? Eh bien! ce n'est pas généreux de ta part, je t'assure, puisqu'on nous a donné l'ordre d'être ainsi... Je le sais bien assez, va, que je suis laid, que je suis ridicule, que j'ai l'air d'un singe. »

Il paraît tant en souffrir que je redeviens grave.

Contestations au guichet du chemin de fer, où je n'ai que le temps de prendre mon billet pour Yokohama. Même là on essaye de me voler sur le change de mes piastres, qui sont mexicaines avec un soleil au lieu d'être nippones avec une chimère enroulée. Je proteste, d'un ton d'insolence voulue; alors on voit que *je sais*, et l'on redevient coulant, aimable, obséquieux.

De une heure de l'après-midi à cinq heures du
soir, voyage en train express, avec des Japonais
quelconques en costumes mi-partis : ulsters du
Pont-Neuf à longs poils, sur des robes nationales
en coton bleu.

Vers dix heures, arrêt de quarante-cinq minutes,
bien imprévu, à Hakoni, le lieu de bifurcation
entre la ligne d'Yeddo que je quitte et celle
d'Yokohama que je vais prendre, pour aller
rejoindre mon navire en rade. Une petite station
de rien du tout, pas de salle d'attente, et le village
très loin. Me voilà seul, dehors, dans le noir glacial de la campagne, une nuit de gelée, n'ayant
pas dîné et ne sachant que faire.

Au bout d'un sentier, une maisonnette m'apparaît; un de ses panneaux est entr'ouvert et laisse
passer la raie lumineuse d'une lampe. Maison-
de-thé, ou habitation particulière? J'entre pour
voir.

Un appartement vide, assez soigné dans sa
nudité; au plafond, une veilleuse suspendue; des
nattes irréprochables. Personne, et pas l'ombre
d'un meuble; mais, accrochés aux murs, trois ou
quatre petits cornets en bois, d'une forme distinguée, d'où sortent des fougères sauvages mêlées
à des fleurs de roseau, le tout arrangé avec une
grâce légère. Et nous sommes dans un hameau
perdu, chez de pauvres cultivateurs ou des auber-
gistes campagnards! Parmi nos paysans de

France, qui donc aurait l'idée d'une ornementation aussi simple et raffinée; qui comprendrait seulement le premier mot de ces choses?

Je frappe du talon sur le plancher, et un panneau du fond s'ouvre : — *Oh! ayo!* me dit une figure de *mousmé*, que, du premier coup d'œil, je trouve étonnamment attachante et jolie.

C'est bien une maison-de-thé, et la petite servante est à mes ordres : alors je demande à manger, à boire, du feu, des cigarettes, toutes sortes de choses qui me seront servies par elle, et je m'assieds la regardant faire.

Il est affreux son dîner, bien plus mauvais et plus énigmatique que ceux de Nikko. Dans le réchaud, de détestables braises fument et ne répandent pas de chaleur; j'ai les doigts si engourdis que je ne sais plus me servir de mes baguettes. Et, autour de nous, derrière la mince paroi de papier, il y a la tristesse de cette campagne endormie, silencieuse, que je sais si glaciale et si noire... Mais la *mousmé* est là, qui me sert, avec des révérences de marquise Louis XV; avec des sourires qui plissent ses yeux de chat à longs cils, qui retroussent son petit nez, déjà retroussé par lui-même, — et elle est exquise à regarder; elle est la seule Japonaise que j'aie rencontrée si complètement et si étrangement jolie. Et la fraîche santé rayonne en elle; on la sent dans la rondeur de ses bras nus, dans la rondeur de sa gorge et

de ses joues, partout, sous le bronze doucement
poli et presque mat de sa peau.

Et puis elle s'exprime très bien, pour une
enfant paysanne; elle se fait un jeu des conjugaisons compliquées et pompeuses en *dégosarimas*, elle met les particules honorifiques, en
o et en *go*, non seulement devant mon nom,
mais devant les choses qui m'appartiennent ou
me sont destinées, comme mon thé, mon sucre,
mon riz. Oh! la délicieuse et impayable petite
créature!

Je lui demande son âge, par politesse : au
Japon, un homme bien élevé doit toujours
s'informer de l'âge d'une dame.

— Dix-sept ans! — Je m'en doutais, toutes les
mousmés ont dix-sept ans quand on les questionne.
Dans le fond, je pense qu'elle n'en sait rien au
juste, celle-ci pas plus que les autres, et puis cela
m'est bien égal.

... Mais voici que peu à peu la vision splendide,
le rêve d'or de la Sainte Montagne, qui me pour-
suivait depuis Nikko, s'éloigne, pâlit, me paraît
une grande chose fastidieuse, vaine et morte, —
comparée à une simple petite fille... Du reste ils
donneraient volontiers, je pense, leur éternité de
laque et de bronze, ces empereurs passés qui
dorment là-bas, pour en être encore à ces instants
fugitifs où les yeux sont grands ouverts sur les
réalités de ce monde et peuvent, à eux seuls, eni-

vrer le corps tout entier rien qu'avec une image de *mousmé*...

Parce qu'elle est jolie, celle-ci, parce qu'elle est très jeune, surtout parce qu'elle est extraordinairement fraîche et saine, et qu'un je ne sais quoi dans son regard attire le mien, voici qu'il y a un charme subitement jeté sur l'auberge misérable où elle vit : je m'y attarderais presque ; je ne m'y sens plus seul ni dépaysé ; un alanguissement me vient, qui sera oublié dans une heure, mais qui ressemble beaucoup trop, hélas ! à ces choses que nous appelons amour, tendresse, affection, et que nous voudrions tâcher de croire grandes et nobles.

De tels effets sont pour nous donner la très effrayante preuve de la matière, rien que matière, dont nous sommes pétris, et du néant d'après...

AU TOMBEAU DES SAMOURAIS

« C'est ici que *la tête* a été lavée : n'y trempez ni vos pieds, ni vos mains. »

Cela est écrit au pinceau, à l'encre, sur une planchette de bois blanc, au bord de la plus fraîche et de la plus délicieuse des petites fontaines, — sous de grands arbres, à mi-hauteur d'une colline ombreuse qui regarde au loin la baie d'Yeddo.

Jamais inscription plus lugubre ne fut posée à une place plus charmante. Cette eau « où il ne faut tremper ni ses pieds ni ses mains » est limpide, dans un bassin de vieilles pierres, sur des mousses aquatiques fraîches et exquises, admirablement vertes. A côté de la fontaine défendue il y a des arbres nains aux feuillages délicats d'un

14

vert aussi beau que celui des mousses, et un
grand camélia sauvage, qui étale à profusion ses
fleurs simples, semblables à des églantines roses.
C'est dans un lieu paisible, à l'écart des bruits de
la vie. Toute la colline est remplie de sépultures
antiques et de pagodes cachées sous les arbres.
Aux senteurs des plantes se mêle un religieux
parfum d'encens dont le plein air est constamment imprégné, comme serait l'air d'un temple.

L'écriteau ne dit pas quelle est cette tête coupée
qu'on est venu laver dans cette eau claire; il dit
seulement : « la tête ». — Mais tous les passants
le savent. En ce pays, où l'on a dans le peuple le
culte des légendes et des morts, inutile de pré-
ciser davantage...

Et moi aussi, du reste, bien qu'étranger, je le
sais. Étant enfant, j'avais lu autrefois, en un
manuscrit rare, cette histoire des « quarante-sept
fidèles Samouraïs », me passionnant pour ces
héros chevaleresques; comme je lisais très peu,
cela m'avait tout particulièrement frappé et je
m'étais promis que, si le hasard m'amenait jamais
au Japon, je viendrais rendre hommage à leur
tombeau.

Précisément j'avais fait cette lecture par des
journées de novembre belles et calmes comme
celle d'aujourd'hui; cette coïncidence d'une saison
et d'un temps pareils rend plus complète l'asso-
ciation de mes petites idées d'autrefois, reve-

nues, avec mes impressions d'aujourd'hui. C'est curieux même comme je m'étais bien représenté ce lieu — qui me semblait alors lointain, lointain, presque imaginaire; j'avais prévu jusqu'à ces arbustes nains et ces camélias sauvages fleuris alentour.

« C'est ici que la tête a été lavée » — (la tête du méchant prince Kotsuké, coupée par les bons Samouraïs, avec les formes les plus polies, après toutes sortes d'excuses préalables; puis lavée dans l'eau de cette fontaine, et apportée pieusement sur la tombe d'Akao, le prince martyr).

Aussi bien, je suis obligé de rappeler en quelques mots cette histoire, sans cela on ne me comprendrait pas.

Vers 1630, le courtisan Kotsuké, après avoir insulté le prince Akao et refusé de lui rendre raison, réussit par la perfidie à obtenir de l'empereur un jugement inique condamnant à mort Akao, avec confiscation de tous ses biens.

Alors quarante-sept gentilshommes, vassaux fidèles et amis du supplicié, se jurèrent de venger l'honneur de leur maître, au prix de leur propre vie. Après avoir abandonné femmes et enfants, tout ce qu'ils avaient de cher au monde, ils poursuivirent la réalisation de leur difficile projet avec un entêtement sublime, guettant l'heure favorable, dans le mystère le plus profond — pendant près de vingt années! — jusqu'à ce qu'enfin,

une nuit d'hiver, ils vinrent surprendre et
égorger, dans son palais, ce Kotsuké dont les
longues méfiances s'étaient peu à peu endormies
et qui ne s'entourait plus que d'un petit nombre
de gardes.

La vengeance accomplie, la tête du perfide
déposée sur le tombeau d'Akao, ils allèrent eux-
mêmes se livrer aux juges. On les condamna à
s'ouvrir le ventre; ils s'y attendaient, et, après
s'être embrassés, ils firent cela tous ensemble sur
les marches d'une pagode, près du tombeau de
leur cher seigneur.

Elle est ici, cette pagode, à quelques pas de la
fontaine délicieuse : une vieille petite pagode d'un
rouge sombre, en bois de cèdre vermoulu. On y
arrive par une triste avenue où poussent des
herbes. Sur ses marches, lavées par les pluies de
près de trois cents hivers, on ne voit plus trace de
tant de sang qui a coulé; on a peine à se repré-
senter la boucherie horrible, le râle de ces
quarante-sept hommes, la nuque à moitié coupée,
le ventre ouvert, les entrailles dehors, se tordant
ensemble dans une grande mare rouge...

Ils eurent leur récompense après leur mort, ces
fidèles, car un empereur suivant les déclara saints
et martyrs, et fit mettre sur leur tombe certain
feuillage d'or, emblème du suprême honneur. Le
Japon tout entier les vénère encore aujourd'hui
d'un culte enthousiaste; leur nom est partout; on

l'apprend de bonne heure aux petits enfants et on le chante dans les grands poèmes.

Le joli sentier vert qui conduit à la fontaine se prolonge au delà, monte un peu plus haut, par une pente très douce.

En poursuivant, on trouve d'abord la maisonnette du bonze préposé au soin des sépultures de ces héros et à l'entretien de leurs fleurs.

Je frappe à sa porte, et il m'apparaît, ce vieux. Il a une étrange figure de gardien de tombeaux, maigre, fine, ascétique et rusée à la fois; il est grand et mince, ce qui au Japon est très rare. Un bonnet noir agrafé sous le menton — comme celui dont se coiffait jadis, dans notre Occident, le seigneur Méphistophélès — lui enveloppe la tête, les cheveux, les oreilles, ne laissant paraître que le masque encadré du visage; et ce bonnet a même, de chaque côté du front, deux espèces de protubérances inquiétantes, qui semblent des étuis ménagés dans l'étoffe, pour mettre les cornes...

Il vend des livres où l'histoire des quarante-sept Samouraïs est racontée dans ses naïfs et sublimes détails, avec beaucoup d'images à l'appui. La maison est à moitié remplie par des paquets de ces baguettes d'encens dont il fait aussi commerce avec les pèlerins et que l'on brûle ici tous les jours depuis tantôt trois siècles.

Les sépultures auxquelles il me mène occupent, à mi-côte, une sorte d'esplanade carrée, d'où la

vue plonge sur tout un pays boisé, tranquille,
avec la mer à l'extrême lointain. L'esplanade est
entourée d'une modeste barrière de planches et
d'une bordure de grands arbres funéraires, droits
et rigides, élancés en colonne de temple.

Sur les quatre faces de ce quadrilatère, les
tombeaux sont alignés, environ douze par douze,
regardant tous le milieu — qui est une petite
place vide, couverte d'une herbe rase et comme
saupoudrée de cendre d'encens. Quarante-sept
pierres debout, semblables, restées brutes comme
des menhirs de granit, portant chacune le nom
du Samouraï qui dort en dessous, et marquées
toutes du signe spécial : *Harakiri*, — lequel veut
dire que ces hommes sont morts à la terrifiante
manière des gens d'honneur, en s'ouvrant le ventre
avec leur propre poignard.

A deux des angles du carré sinistre, s'élèvent
des pierres plus hautes : celle du prince d'Akao
et celle de la princesse son épouse. Tout à côté du
prince, sous une très petite tombe, on a enterré
son enfant, — son *mousko-san*, comme l'appelle le
vieux gardien à serre-tête noir. Et cette expression
de *mousko-san* me fait sourire, malgré le recueillement du lieu, ce *mousko* qui signifie *tout petit
garçon*, accouplé par excès de déférence à cette
particule honorifique *san*. Comme si, chez nous,
on disait avec gravité et conviction ; « C'est ici, à
côté du prince, que repose *monsieur son bébé.* »

— Mais tout ce qui touche à cette histoire est pour les Japonais tellement saint et vénérable, qu'on n'en saurait parler avec des formes trop respectueuses.

Devant chacune de ces pierres, il y a de beaux bouquets, des fleurs toutes fraîches, évidemment cueillies ce matin même; il y a aussi des petits tas de choses grisâtres, des restes de baguettes d'encens, dont le vent promène les cendres encore odorantes sur l'herbe triste d'alentour. Et c'est comme cela, sans relâche, depuis l'an 1702, et ce sera sans doute ainsi pendant bien des années encore, car le bouleversement moderne, qui, au Japon, emporte tant de choses, semble n'avoir pas de prise sur le culte du peuple pour les morts.

La fille d'un des Samouraïs, qui était prêtresse, a obtenu d'être mise là elle aussi, à côté de son père, et cela fait, en dehors de l'alignement, une tombe de plus. Elle a du reste, ses fleurs comme les autres, cette *mousmé*, ses fleurs et son encens, sa part de souvenir et de vénération.

Une étonnante quantité de petites bandes de papier, blanches ou rouges, portant des noms écrits, sont collées sur les pierres tombales, ou jetées dans l'herbe à leurs pieds : ce sont les noms des pèlerins, qui journellement viennent, de tous les coins de l'empire, rendre hommage aux gentilshommes fidèles. Dans le nombre se trouvent même des vraies cartes de visite tout à

fait modernes, gravées en caractères européens
sur des « Bristol » mats ou glacés, — et ce serait
presque drôle, cet usage de déposer sa carte à la
porte des morts qui ne peuvent recevoir, — si ce
n'était extrêmement touchant...

Le vieux gardien maigre, adossé, la tête renversée contre un des arbres de bordure, entre-
prend de me conter au long l'histoire des Samouraïs, en une langue dont la plupart des mots
malheureusement m'échappent. Mais je l'écoute
sans ennui, — tantôt le regardant avec l'idée obsé-
dante d'ôter son bonnet pour voir s'il n'a pas de
cornes en dessous, — tantôt promenant mes yeux
sur le profond paysage calme, sur la colline parsemée de petites pagodes, de tombes, de buissons
de camélias, sur toutes ces choses dont l'aspect
n'a pas dû beaucoup changer depuis l'époque
lointaine de l'*Harakiri*.

Les arbres dénudés de l'enclos, tout droits, tout
raides, comme des rangées de cierges gigantesques, agitent leurs têtes là-haut, secoués par
un petit vent d'automne qui souffle plus fort dans
les régions élevées de l'air. Et les cigales chantent
partout, au soleil encore chaud de novembre.

En vérité, ce lieu a une mélancolie bien particulière et bien grande. Et puis cette histoire est
si belle, pour qui la sait en détail ; elle est si
étonnante d'héroïsme, d'honneur exagéré, de
fidélité surhumaine !

Elle est inexplicable comme une vieille énigme quand on connaît les Japonais mièvres et dégénérés d'aujourd'hui; elle évoque l'idée d'un grand passé noble et chevaleresque, — et jette même en ce moment pour moi une ombre de respect sur ce Japon moderne que j'ai tant raillé.

Je n'ai pas apporté de fleurs fraîches, moi, aux quarante-sept héros qui dorment ici. Au contraire, je dérobe un chrysanthème au bouquet posé sur la tombe de leur chef, et je l'emporte — jusqu'en France, — ce qui est d'ailleurs, sous une forme inverse, un égal hommage rendu à leur mémoire à tous.

YEDDO

A Émile Pouvillon.

Dimanche, 5 décembre.

Demain le départ pour la France : c'est-à-dire le trait final tiré au-dessous de toute espèce de Japonerie, et sans doute pour jamais.

J'ai décidé de passer cette journée d'adieu à Yeddo, et, par la *route de la mer Orientale*, j'y arrive de bon matin, traîné par deux coureurs.

D'abord Shinagawa, le long faubourg, où les boutiques s'ouvrent, où déjà les gens affairés circulent.

C'est aujourd'hui le premier dimanche de décembre, et aussi le premier jour de vrai froid. A ce beau soleil d'un matin d'hiver, tout ce Japon me fait une mine bien gelée, avec ses maisonnettes de papier, ses robes de coton bleu, ses jambes nues ; à peine quelques messieurs élégants ont-ils endossé, par-dessus le costume national, des *ulsters* et des *macfarlanes* (restes des vieux stocks invendables de l'Amérique du Nord); la majorité de la population grelotte, dans des costumes de pays chaud. Au coin des rues, les coureurs, demi-nus et tatoués, qui stationnent près de leur petit char, ont jeté sur leurs épaules la couverture écarlate destinée à envelopper les jambes des clients et soufflent dans leurs doigts, en enflant le dos comme des singes frileux. Un grouillement bien triste et bien laid que celui d'Yeddo, l'hiver, au milieu de l'immense, de l'infini dédale des maisonnettes basses et grisâtres, éternellement pareilles.

Donc, c'est dimanche aujourd'hui — et on s'en aperçoit parfaitement : ils commencent à singer nos allures et notre ennui de ce jour-là, ces païens. C'est surtout la mauvaise manière qui leur a servi de modèle, à ce qu'il semble, car beaucoup de boutiques sont fermées et beaucoup de gens sont ivres.

Des familles, qui partent pour la promenade, ont vraiment un air endimanché dans leurs toilettes d'extrême Asie. Et puis c'est jour de repos et de sortie dans les casernes, et il y a par les rues des bandes de matelots à peu près habillés comme les nôtres, des bandes de soldats à pantalon rouge et à gants de fil blanc, avec des airs en goguette; petits, petits, tous, et jeunes : des enfants, dirait-on, à figure ronde et jaunâtre, presque sans yeux.

Les distances sont effroyables dans cette ville qui, si je ne me trompe, est plus étendue que Paris. Je vais donc relayer dans Shinagawa, prendre des coureurs frais; car je veux me faire conduire un peu partout — et d'abord aux grands temples de la Shiba, pour emporter dans mes yeux un peu de cette splendeur religieuse.

Une heure de course à toutes jambes, et enfin voici devant moi cette Shiba étonnante. Au milieu de la ville, c'est une sorte de bois sacré qui garde du recueillement et du mystère sous les cèdres noirs aimés des dieux.

La porte qui donne accès dans ce quartier des temples est d'aspect sinistre, comme toujours : une entrée toute basse, resserrée entre des colonnes massives, et écrasée sous une toiture à la chinoise, gigantesque en largeur et en hauteur, qui monte, s'extravase, se retrousse aux angles, soutenue par une étonnante quantité de chevrons et de gargouilles; le tout peint en rouge sanglant.

Dans le bois sacré, s'ouvrent des allées de cèdres ou de bambous bordées de deux rangs de lampadaires en granit; avec une étrangeté diffé- rente, elles ont quelque chose de l'imposante grandeur de ces avenues égyptiennes que bordaient des stèles et des sphinx. Et les toitures dorées des temples apparaissent çà et là parmi les branches.

A part qu'on est ici en plaine et qu'on ne sent pas autour de soi « l'horreur » des grandes forêts, cette Shiba rappelle un peu la Sainte Montagne que j'ai décrite dans un précédent article.

Ces temples datent du XIIe et du XIIIe siècle ; ils sont d'une grande magnificence : des portes aux énormes battants de laque et de bronze ; des alignements de girandoles dorées suspendues aux voûtes ; des séries d'enceintes où les murailles, même extérieures, sont en laque d'or fouillée à jour, avec des fleurs fantastiques, des oiseaux, des chimères... En vérité, je comprends l'enthousiasme des visiteurs, en très grand nombre, qui sont venus ici et n'ont pu aller jusqu'à la « Sainte Montagne », voir les sanctuaires incomparablement plus merveilleux, cachés là-bas, dans les régions sauvages du centre.

Mais ils sont bien vieux, ces pauvres temples de la Shiba, et bien fanés ; ils s'en vont ; on y sent la tranquillité et la tristesse d'un abandon sans retour ; des nuées de corbeaux et de gerfauts y tournoient en criant au-dessus de ces cours splendides où tant de monstres d'or dardent du haut des murs leurs yeux louches.

Du reste, ces dernières années, à la suite de je ne sais quelle révolution favorable à la religion de Shinto, le gouvernement japonais voulait les faire démolir et il a fallu l'intervention des ambassades européennes pour les sauver. Et puis les

touristes y viennent beaucoup trop, hélas! cas-
sant des petits morceaux, comme ils font partout,
pour emporter des souvenirs. Toutes les fines
sculptures sont écornées; tout est sali par la poussière et les nids d'oiseaux; tout est vide, maintenant, toujours vide, sans fidèles, sans culte et sans
fleurs...

J'irai déjeuner ce matin dans certain restaurant
qui n'est qu'à trois quarts d'heure, en petit char,
de la Shiba; mais qui, en réalité, en est distant
de bien des centaines de lieues et des centaines
d'années. C'est un établissement de haute élégance et d'un genre nouveau à Yeddo; on y
mange à peu près à l'européenne sur des tables
et avec des fourchettes; on y est en plein Japon
moderne, — autant dire en un Japon piteusement
grotesque. Cette excessive petitesse dans les pro-
portions, qui est supportable pour les intérieurs
tout à fait japonais, devient ridicule lorsque la
maison affecte des allures occidentales. Ici, la
salle des repas, lilliputienne et toute basse, donne
sur le plus maniéré et le plus impayable des jardinets, par de vraies petites fenêtres à carreaux de
vitre et à discrets de mousseline, remplaçant les
anciens transparents de papier mince. La table et
le couvert rappellent, à part leur minutieuse pro-

preté, les restaurants de troisième ordre dans nos villes de province. Sur la nappe très blanche, sont posées comme ornement des bouteilles de liqueur à étiquettes américaines, des gerbes de chrysanthèmes, et des corbeilles en verre remplies de *kakis* (ces fruits d'automne qui ressemblent à de gros œufs en or).

Il a vraiment un air honnête et familial, cet établissement tenu par un vieux monsieur Nippon, sa *dame* d'un certain âge, et les trois aimables *mousmés* ses demoiselles. Mais il ne faudrait pas s'y laisser prendre : ici, comme partout, les personnes sont à vendre, aussi bien que les choses. C'est même un lieu qui s'est fait une spécialité dans la capitale pour certains rendez-vous clandestins : lorsqu'un jeune dandy s'éprend follement de quelque *guécha* (une de ces musiciennes et ballerines formées au conservatoire, qui par raffinement de métier ne se donnent généralement jamais) — eh bien ! ce jeune dandy s'adresse à la vieille dame d'ici, qui d'abord fait sa renchérie, son estomaquée, puis consent enfin à aller amadouer la jolie danseuse et la décide à venir souper chez elle, avec le plus grand mystère par exemple, dans l'un de ces cabinets particuliers, grands comme la main et à parois de papier blanc, qu'elle tient en réserve pour ces cas délicats...

***

Je passerai cette dernière après-midi à la Saksa, lieu de pèlerinage et d'adoration, de foire et d'amusement, où il y a foule tous les jours, et le dimanche surtout. — Mais c'est à l'autre bout d'Yeddo ; il va falloir perdre, en petit char, au moins deux heures.

Des rues et des rues ; des ponts et des ponts, sur une quantité de canaux qui se croisent et se recroisent ; tout cela mesquin, grisâtre, uniforme.

La ville occupe une sorte de vaste plaine ondulée ; ses quelques collines, trop petites pour y faire un bon effet quelconque, sont juste suffisantes pour y mettre du désordre ; elle est parsemée d'espaces vides, de terrains vagues pleins de poussière ou de boue ; elle est coupée d'enceintes fortifiées, de longs remparts en pierre grise bordés de fossés où poussent des lotus. Tout cela lui donne une étendue démesurée. Sans compter le palais du Mikado qui y occupe tant de place, avec ses jardins impénétrables, ses bois d'arbres séculaires, le tout entouré d'épaisses murailles, comme une forteresse.

Les principales voies sont droites, assez larges. Maisonnettes à simple rez-de-chaussée, rarement à un étage, et presque toujours en bois, en vieux bois noirâtre. Les boutiques ont conservé la forme

ancienne : c'est toujours le simple petit hangar
ouvert, sans devanture ni vitrine, où les marchands sont assis sur des nattes parmi leurs bibelots ; on y vend naturellement toutes sortes de
japoneries, des bronzes, des laques, des magots,
des potiches, et à la fin, à force d'en voir de telles
quantités tout le long des rues, un dégoût vous
prend de ces innombrables choses, de ces mièvreries d'art, de ces cigognes, de ces grimaces. Tous
les magasins un peu huppés sont encadrés exté-
rieurement (comme chez nous les maisons où il y
a quelqu'un de mort) de tentures en drap noir
bordées de blanc et ornées de grandes lettres
blanches. Évidemment cette ornementation ne
paraît pas triste aux Japonais, parce qu'elle n'a
pas chez eux le sens que nous sommes habitués à
y attacher, mais, pour nos yeux à nous, l'effet
n'en est pas moins funéraire : dans les rues très
commerçantes, on dirait un deuil général.

Durant cette promenade finale, je m'arrête
encore çà et là pour marchander quelques derniers bibelots, et jamais je ne m'étais senti agacé
à ce point par ces tentatives de volerie inintelli-
gente, par ces prix ridicules qu'on vous fait d'un
air sournois, en regardant de coin si vous serez
assez naïf pour vous laisser prendre ; — agacé
par ces sourires, ces saluts à quatre pattes, cette
politesse fausse et excessive. Comme je comprends de plus en plus cette horreur du Japonais

chez les Européens qui les ont longtemps prati-
qués en plein Japon!... Et puis la laideur de ce
peuple m'exaspère; ses petits yeux surtout, ses
petits yeux louches, bien rapprochés, bien dans
le coin du nez, pour ne pas troubler les deux solitudes flasques de joues...

Mes coureurs commencent à tirer la langue.
Nous voici dans certaine grande rue où passent
des tramways sur rails, et où sont établis les prin-
cipaux marchands d'étoffes, de soieries magnifiques. Toujours les mêmes maisonnettes basses,
les mêmes vieilles maisonnettes de bois. A un coin
là-bas, il y a ce grand magasin qui est comme
leur « Louvre » ou leur « Bon Marché ». Sur
toute sa longueur, il est garni lui aussi de tentures en drap noir avec ornements blancs qu'on
dirait posés par la compagnie des pompes funèbres
en vue d'un enterrement de première classe. Sans
doute, aujourd'hui, c'est la *grande mise en vente
des articles d'hiver*, car les dames à beau chignon
affluent, bourdonnent comme autour d'une ruche;
leurs petits chars et leurs coureurs encombrent
la voie. Aucune d'elles, Dieu merci, n'a encore
eu l'idée d'altérer son costume national, et il y
en a dans le nombre de très gentilles, de très
amusantes à regarder. On leur distribue à la sortie
des écrans réclames, papier de riz tendu sur
bambou, où sont représentés, en invraisemblable
perspective, le magasin lui-même, ses orne-

ments de catafalque et la foule de ses belles clientes.

Mes coureurs n'en peuvent plus. Alors, pour m'amuser, je vais monter en tramway; ce sera la première fois de ma vie; — coup de timbre, coup de sifflet, — et nous partons. Mais, à peine suis-je assis, que la laideur de mes voisins m'épouvante.

Nulle part la différence d'aspect n'est tranchée autant qu'au Japon, entre les gens du grand air et ceux du travail enfermé des villes. Au moins les paysans ont la vigueur, les belles formes dans leur petite taille, les dents blanches, les yeux vifs. Mais ces citadins d'Yeddo, ces boutiquiers, ces écrivains à l'encre de Chine, ces artisans étiolés de père en fils par la production de ces petites merveilles de patience qu'on admire chez nous, quelle misère physique! Ils portent encore la robe nationale et les socques à patins, mais plus le chignon d'autrefois; quelques vieillards seuls l'ont conservé; les jeunes, ne sachant quel parti prendre pour leurs cheveux, ni longs ni courts, les laissent pendre, en mèches collées, sur leurs nuques pâles, et posent par-dessus des melons anglais.

Tous exténués, blêmes, abrutis, mes compagnons de tramway; lèvres ballantes; myopes pour la plupart, portant des lunettes rondes sur leurs petits yeux en trous de vrille percés de travers, et sentant l'huile de camélia rancie, la bête fauve, la race jaune. Et pas une *mousmé* mignonne ou drôle pour reposer ma vue... Comme je regrette, mon Dieu, de m'être fourvoyé dans cette voiture du peuple!

— *La Saksa!* Heureusement c'est fini, nous arrivons.

La Saksa, c'est-à-dire une haute et immense pagode, d'un rouge sombre, et une tour à cinq étages de même couleur, dominant un préau d'arbres centenaires tout rempli de boutiques et de monde. C'est un coin de vieux Japon ici, et un des meilleurs; il y a du reste, aujourd'hui même, un *matsouri* (c'est-à-dire une fête et un pèlerinage); — je m'en doutais : à la Saksa, c'est presque un matsouri perpétuel. Et des légions de *mousmés* sont là en belle toilette, des *mousmés* comiques et des *mousmés* jolies; dans tous ces beaux chignons, si bien lissés, qu'elles savent se faire, sont piquées des fleurettes fantastiques ne ressemblant à aucune fleur réelle; et, au bas de tous ces petits dos frêles et gracieux, déviés en avant par l'abus héréditaire de la révérence, des ceintures de couleurs très cherchées font de larges coques en forme d'ailes, — comme si des papillons énormes étaient venus là se poser.

Naturellement, il y a aussi de ces adorables troupes de bébés en grande tenue, qui abondent toujours au milieu des foules japonaises; des

bébés graves dans de longues robes, se tenant
par la main, s'avançant avec dignité en roulant
leurs yeux retroussés de petits chats; et puis
coiffés d'une manière indescriptible, qui fait sourire même longtemps après, quand on retrouve
en souvenir leurs minois...

J'irai tout à l'heure, comme tout le monde,
dans la pagode saluer les dieux; mais je veux
d'abord m'amuser moi aussi aux boutiques du
préau, remplies de choses ingénieuses et drolatiques, de jouets étranges, de bibelots à surprise
recélant toujours, au fond, une grimace, une
diablerie, — ou même une obscénité, imprévue
et terrifiante...

Je m'arrête, avec des bébés nombreux, devant
un vieillard à chignon tout blanc qui est accroupi
au pied d'un arbre; dans ses bras nus, décharnés
et jaunes comme des bras de momie, il tient une
caisse remplie d'images à deux pour un sou, et
tous les bébés regardent, l'air captivé, recueilli.
Il y a surtout un amour de petite *mousmé* de six
à huit ans, déjà peignée en grand chignon à
épingles comme une dame, qui se courbe pour
mieux voir, les mains derrière le dos sur sa belle
ceinture, et les yeux tout pensifs. Alors je me
baisse moi aussi, curieux de ce qui peut les inté-
resser à un tel point, tous ces innocents. — Oh!
les pauvres petits! — Ce sont des danses de
morts, sur papier de riz, plus épouvantables que

celle d'Holbein ; des squelettes qui jouent de la guitare, d'autres qui gambadent, s'éventent, folâtrent, lèvent les jambes avec des airs très évaporés... Je crois bien qu'elle avait de quoi être pensive, cette *mousmé* mignonne !... Moi, à son âge, ça m'aurait fait une peur affreuse.

De toute cette foule s'élève un bruissement de rires et de voix légères, beaucoup plus discret, plus poli, plus comme il faut que le brouhaha de nos foules françaises.

Le ciel au-dessus de nos têtes est bien un ciel d'hiver, d'un bleu pâli et froid. Les arbres de ce préau, qui sont très âgés et immenses, étendent dans l'air leurs longs bras dépouillés, avec un peu les mêmes gestes que les squelettes dans les images de ce vieux. Au milieu de leurs branches, la tour à cinq étages se lève, svelte et étrange, dessinant sur la lumière froide d'en haut les cornes de ses cinq toitures superposées, tout le découpage de sa silhouette rougeâtre, d'une japonerie excessive. Et enfin le grand temple, hérissé d'autres cornes, et inégalement rouge, d'une couleur de sang qui aurait séché, occupe tout le fond du tableau, avec sa masse carrée, écrasante.

C'est un des lieux d'adoration les plus antiques et les plus célèbres d'Yeddo, cette Saksa. La partie du sanctuaire qui est ouverte aux fidèles et où j'entre avec la foule, semble une sorte de halle, haute et sombre, peinte en rouge sanglant comme l'extérieur; les portes en sont relativement basses pour laisser, suivant l'usage, de l'obscurité et du vague à la voûte élevée, d'où pendent d'énormes girandoles de métal et où de vieilles diableries s'esquissent dans l'ombre. Très peu de recueillement sous cette colonnade de cèdres, où les groupes circulent et causent, éclairés par des reflets d'une lumière d'hiver rasant le sol. Il serait même nécessaire « de chasser les vendeurs » de ce temple, car il y a contre tous les piliers des changeurs d'argent, des marchands d'images, de livres religieux ou de fleurs. Des bébés vont et viennent, courent, s'appellent, avec des petites voix plus sonores ici et plus bruyantes. Des pigeons volent en tous sens, pour se percher sur les lanternes, sur les hampes des bannières, mêlant au murmure des conversations le bruit ronflant de leurs ailes : il y a aussi le son des pièces de monnaie, des offrandes continuellement lancées, et tombant dans des troncs carrés à claire-voie semblables à de grandes cages; et puis, de côté et d'autre, devant des autels privilégiés, devant certaines images, certains symboles, on entend de ces rapides claquements de mains, pan pan, qu'on fait pendant la prière pour appeler l'attention des Esprits.

Dans un gigantesque brûle-parfums de bronze, sur le couvercle duquel ricane un monstre gros

comme un gros chien, tous les fidèles qui passent
jettent des baguettes d'encens, et il en sort en
spirale une fumée odorante qui s'en va flotter aux
voûtes, parmi l'enchevêtrement des chimères et
des girandoles, comme un nuage.

Au fond du temple, dans un recul plein de
mystère, à la lueur de hauts lampadaires magnifiques, dans une demi-obscurité voulue, derrière
des colonnes et des barrières ajourées, à travers
un fouillis de lanternes, de bannières, de brûle-
parfums et de gerbes de lotus en bronze, on
aperçoit confusément les dieux, qui sont des
colosses au sourire assez calme, se détachant sur
des fonds en laque d'or.

Il y a toutes sortes de choses extraordinaires
et vénérables dans ce lieu ouvert où, depuis des
siècles, tant de générations japonaises sont venues
prier et apporter des dons. Il y a d'effrayants
tableaux, accrochés partout, jusqu'au plafond, où
on ne les voit plus ; il y a des bannières couvertes
de broderies, suspendues comme des ex-voto ; il
y a des images et des statues possédant des vertus
tout à fait miraculeuses.

Dans une niche se tient un bouddha, fameux
dans le Japon tout entier comme guérisseur de
maux incurables. Il suffit de toucher la partie de
ce personnage en bois correspondant à celle que
l'on veut guérir, puis de poser aussitôt la même
main sur son propre mal, — et cela passe, paraît-

il. On l'a tant touché, depuis deux ou trois cents ans; tant de mains, aujourd'hui tombées en poussière, l'ont caressé chaque jour, qu'il n'est plus qu'un bloc informe et luisant, sans nez, sans doigts, toutes les saillies usées, conservant à peine l'aspect humain. — Une pauvre femme, émaciée et blême, vient là devant moi, lui caresse la poitrine, puis passe la main dans sa propre robe pour toucher je ne sais quoi d'horrible, en disant une prière. Elle voit que je la regarde et craint sans doute que je ne me moque d'elle, car elle m'adresse une espèce de sourire angoissé, comme pour me dire : « Je n'y crois guère, moi non plus; mais vois-tu, je suis si malade... que j'essaye de tout. »

Voici maintenant une famille nippone, en oraisons dans un coin, et sans doute pour quelque chose de grave, à en juger par son air exceptionnel de recueillement. Ils se sont serrés les uns contre les autres, comme pour ne faire monter ensemble vers les dieux qu'une seule et même voix; un vieux et une vieille — les grands-parents, cela se devine; — puis des hommes et des femmes plus jeunes; une *mousmé* très gentille, et enfin deux bébés, à genoux aussi, et claquant de leurs petites mains de temps à autre comme les grandes personnes. — Jamais je n'avais vu prier avec

tant de ferveur, dans ce pays de rire et de
frivolité.

Et tandis que je songe à l'éternel chaos des
croyances humaines, le regard aux voûtes, par-
courant au hasard les chimères, les images et les
symboles qui sont là-haut, mes yeux s'arrêtent
sur une pâle et diaphane déesse de la lune, qui
sourit comme une morte, peinte en couleurs
glacées sur un fond de nuages; deux pigeons
blancs sont perchés sur le haut de son cadre
et ont l'air de se baisser pour la contempler
aussi...

Eh bien! malgré cette foule, malgré ces portes
ouvertes et ce bourdonnement de causeries inat-
tentives, on éprouve à la longue dans cette grande
halle sombre une impression religieuse; elle est
donnée par cet aperçu que l'on a sur la partie
profonde du temple et sur les grandes idoles d'or
assises dans l'obscurité; puis par ces battements
de mains lancés comme un appel aux êtres invisibles; par cette vapeur d'encens qui plane; même
par ce bruit continuel de pièces de monnaie
jetées en offrande aux dieux et tombant une à
une comme une pluie lente qui s'égoutte...

J'irai finir ma journée à l'*Uyeno*, qui est comme
le Bois de Boulogne ou les Champs-Élysées du
Japon. C'est à une heure et demie de la Saksa,
pour le moins, et je lance au galop mes coureurs;

la nuit tombera certainement quand nous arriverons.

L'*Uyeno*. — Un très grand parc; des avenues
larges, bien sablées, que bordent de vieux arbres
magnifiques ou des touffes de bambous.

Je m'arrête d'abord sur une hauteur, en un
point d'où l'on domine le lac des Lotus — qui
reflète ce soir, comme un miroir légèrement terni,
tout l'or du couchant. Yeddo est derrière ses eaux
tranquilles; Yeddo est au delà, à demi perdu dans
le brouillard roux des soirs d'automne : une
myriade, un infini de petits toits grisâtres tous
pareils; — les derniers, presque effacés à l'horizon
trouble, donnant bien l'impression que ce n'est
pas tout, qu'il y en a encore et encore, dans les
lointains qu'on ne peut voir. En regardant bien,
au milieu de l'uniformité des maisonnettes basses,
on distingue quelques toits un peu grands,
retroussés aux angles : les pagodes. Si elles
n'étaient pas là, on imaginerait n'importe quelle
immense ville aussi bien que la capitale du Japon.
En vérité, il faut l'éloignement et les éclairages
singuliers pour faire d'Yeddo quelque chose qui
charme; — en ce moment, par exemple, j'avoue
que c'est exquis à regarder.

Cela se dessine confusément dans des teintes
rares; cela a l'air de ne pas exister, d'être un
mirage. Il semble que de longues bandes d'ouates

rosées se déroulent lentement sur la terre, noyant cette ville chimérique dans leurs replis, dans leurs ondulations molles. On ne saisit plus la limite entre ce lac et la rive là-bas sur laquelle ces myriades de choses lointaines sont bâties. On doute même si c'est réellement un lac, ou bien une plaine très unie reflétant la lueur diffuse du ciel, — ou simplement une vapeur étendue ; cependant quelques traînées roses, qui luisent, indiquent encore à peu près que c'est de l'eau, et les bancs de lotus font çà et là des taches noirâtres sur cette surface réfléchissante.

Les ouates rosées, parties d'abord de l'extrême horizon, gagnent peu à peu les premiers plans, s'épaississent dans des nuances de plus en plus obscures ; la lumière baisse partout ; rien n'a plus l'air réel nulle part.

Et au-dessus de ces longues bandes horizontales, au-dessus de ces grandes lignes planes aussi monotones que celles des paysages marins, apparaît, à d'inappréciables distances, comme suspendu dans le brun roux du ciel, le grand cône régulier, solitaire, unique, du volcan Fusiyama, tout rose de neige, tout éblouissant encore au milieu des autres choses terrestres qui s'éteignent...

Autour de moi, sur la hauteur d'où je regarde Yeddo s'assombrir, il y a des cèdres dont les branches s'abaissent et dessinent, sur ces profondeurs de lumière mourante, de fines arabesques

noires. — Des Japonais qui peindraient cette vue
de leur ville ne manqueraient pas de les y mettre,
en haut du tableau, retombant sur le ciel, ces
branches du premier plan, appartenant à des
arbres trop rapprochés qui sont hors du cadre
et qu'on ne voit pas.

Je ne suis pas arrivé d'assez bonne heure à cet
Uyeno. Le parc est déjà vide et se fait triste, à
cause du froid brumeux qui vient, et surtout à
cause de l'obscurité. Quelques promeneurs
attardés, de nationalité ambiguë (Japonais dans
le train, en costumes disparates avec des chapeaux
melon) se dirigent vers les petits restaurants
modernes dont cet *Uyeno* est émaillé : maisons-
de-thé européanisées, d'un aspect bien quelconque,
avec des fenêtres à vitres et des berceaux de glycines arrangés en guinguette de barrière.

Je suis maintenant en face d'un grand bâtiment
tout neuf, destiné aux Expositions ; une espèce de
« Palais de l'Industrie », briques et fonte, qui est
d'un bien bel effet. A part un pauvre vieux bouddha
de granit, colosse d'une dizaine de pieds qui sourit
narquoisement du haut d'un tertre, tout est bien
banal dans cet *Uyeno ;* c'est le lieu de promenade et
de plaisir d'une très grande capitale, et rien de plus.

Une seule chose y est demeurée saisissante et
étrange : c'est, sous une futaie de cèdres, haute,

serrée et noire, le tombeau du dernier des Sho-
gouns. La nuit commence pour tout de bon quand
je pénètre dans ce bois sacré ; la nuit d'hiver,
grise, humide, glacée. Le tombeau, — c'est-à-
dire un grand temple d'un rouge sombre, avec
des cornes partout, — m'apparaît confusément à
l'extrémité d'une allée funèbre bordée de lampadaires en granit, qui s'ouvre toute droite devant
moi dans la colonnade gigantesque des arbres.
Des corbeaux qui habitent ce bois s'agitent au-
dessus de ma tête, cherchant avec des cris leur
gîte nocturne. Ici, plus même de promeneurs
attardés, plus personne ; plus de drôlerie, plus de
ridicule, plus de sourire ; du recueillement et du
mystère.

A mi-chemin du tombeau, je m'arrête dans
l'avenue, à cause de l'obscurité qui gagne toujours. Il y a là près de moi, dans le bois même,
dans le noir des arbres, une tour à cinq étages,
débris à l'abandon, ruine du grand passé religieux. Au premier moment je ne l'avais pas vue,
et son aspect me frappe tout à coup d'une manière
singulière. J'en ai cependant déjà rencontré souvent au Japon, de ces tours qui sont la superposition de plusieurs petites pagodes semblables
avec toits retroussés et gargouilles, — et dont
nous avons en France des modèles en miniature
sur le dos de ces éléphants de bronze destinés à
brûler des parfums. Mais celle-ci, dans la pâle

pénombre crépusculaire, me paraît plus élevée et plus svelte, elle semble avoir participé à ce même mouvement d'élancement qui a fait monter si droit vers le ciel les colonnes des cèdres voisins ; ces choses sont tout en hauteur, et s'en vont chercher avec leur cime le peu qui reste en l'air de lumière triste presque éteinte. La tour est d'un rouge sombre, les cèdres sont d'un vert noirâtre, et à leurs pieds, par contraste avec ces nuances si foncées, la terre nue prend un ton gris presque blanc. L'ensemble est horriblement lugubre, — lugubre au delà de ce que les mots peuvent dire...

Et voici maintenant que la population entière des corbeaux est réveillée par ma présence ; ceux qui dormaient déjà, en rangs serrés, sur les hautes branches sont descendus pour prendre part aux débats et aux cris ; c'est tout à coup un crescendo de voix perçantes qui m'assourdit, me glace, autant que ce brouillard de décembre de plus en plus épaissi autour de moi ; m'épouvante presque. Crôa ! crôa ! crôa ! Ils tourbillonnent en nuée, obscurcissant tout quand ils passent au-dessus de moi, comme un immense écran de plumes balayant l'air, — puis finalement tombent, d'un seul et même abattement d'ailes, sur le sol gris qu'ils recouvrent d'un grouillement tout noir.

Dans les lointains de ce bois, emplis à présent de brume obscure, on distingue toujours, en séries confuses et indéfiniment prolongées, les

troncs des arbres ressemblant de plus en plus
à des colonnes géantes. Mais ce que je continue surtout de voir, ce que je regarde malgré
moi presque uniquement, et ce qui est l'étrange
caractéristique du lieu, c'est cette tour solitaire. Ses pointes étagées, les retroussements
cornus de ses cinq toitures, tout son style
d'un autre monde, me donnent une de ces
impressions intenses de dépaysement et d'inconnu, qui, de temps à autre, malgré l'habitude
des voyages, me reviennent encore avec un
frisson, dans les endroits isolés, à la tombée des
nuits...

Je me décide à dîner dans un de ces petits restaurants à parties fines où j'ai vu entrer tout à
l'heure quelques-uns de ces élégants messieurs
coiffés de chapeaux si jolis.

Un froid de loup et une tristesse mortelle,
dans cette salle badigeonnée en faux bois où
il n'y a pas de feu et où les portes sont
ouvertes comme en été. A différentes petites
tables, deux ou trois couples en bonne for-
tune mangent comme moi, à l'aide de fourchettes, en se regardant du coin de l'œil avec
l'intention visible de « s'épater » les uns les
autres. Les dames sont encore en costume
ancien, tournures et chignons comme on en voit
sur les potiches ; mais les cavaliers payants ont

des complets gris d'un galbe adorable, qui leur
font de ces longs dos étroits comme en ont les
singes en lévite. Le dîner est du reste atroce, pas
même chaud; des quinquets à pétrole l'éclairent
faiblement; un silence complet règne dans la
maison — et aussi alentour, dans le grand parc
vide et noir où commence une nuit de gelée. Il y
a pourtant une cigale, en enfance sénile probablement, qui chante encore on ne sait où. Et
deux messieurs japonais, épris des choses cham-
pêtres, se sont fait servir dehors, aux lanternes,
sous la tonnelle de glycine effeuillée et mourante.
J'ai déjà dit, je crois, qu'en ce pays on refusait
de prendre l'hiver au sérieux.

Huit heures. Je suis redescendu de l'*Uyeno*, où
les quelques réverbères espacés le long des avenues principales ont peine à percer la nuit des
grands arbres.

Je suis en bas, à la station des petits chars et
des coureurs, très indécis sur ce que je vais
devenir. Que faire? Retourner tout droit à la
gare, prendre le train de neuf heures, rentrer
sagement à Yokohama et, par un sampan de
louage, rejoindre en rade mon navire... Mon
Dieu, j'ai bien encore le train de minuit, puisque
nous ne devons lever l'ancre qu'au petit jour; —
le train de minuit... qui me donnerait le temps...
de me promener un peu...

Les coureurs font cercle, m'enserrent de plus en plus, très intéressés par l'air de circonstance que j'ai sans doute pris, flairant déjà probablement où vont me conduire mes irrésolutions de promeneur attardé et solitaire...

Brusquement décidé, je leur jette ces mots mystérieux : « Au grand Yoshivara ! »

Au grand Yoshivara ! — Ils l'avaient prévu, les misérables ! Et répètent après moi triomphalement, avec des rires approbateurs : « Au grand Yoshivara ! » En un tour de main, je suis enlevé par les plus proches, assis sur un char, enveloppé d'une couverture écarlate, et parti ventre à terre, dans la nuit glacée...

... Je supplie que personne ne s'indigne. — D'abord j'ai les intentions les plus pures; je ne serai là-bas qu'un simple visiteur. Et puis le Yoshivara est, au Japon, une des plus respectables institutions sociales. A l'encontre de ce qui se passe chez nous, où les Yoshivaras ont des airs clandestins, se cachent vers les fortifications des villes et sont de vilains quartiers noirs, — ici, à Yeddo, c'est au Yoshivara que l'on trouve les plus belles maisons, les plus belles rues larges et ouvertes, le plus grand luxe de façades, d'étalages et de lumières; c'est un lieu de promenade et d'apparat, fréquenté même par les familles; c'est un spectacle, non seulement pompeux et splendide, mais

même chaste au possible, presque hiératique,
presque religieux.

Par exemple c'est très loin. Une heure et demie
de course accélérée, et j'aurai bien froid.

Des petites rues, des lanternes, des boutiques ;
tout cela innombrable et infini. Puis une longue
banlieue sombre et sinistre. Puis enfin la campagne, la rase campagne toute noire ; de chaque
côté du chemin, des rizières, que l'on devine à
leurs mille petites flaques d'eau reflétant çà et là
quelque étoile renversée. Le haut du ciel est pur,
d'un noir bleu semé de points brillants ; mais
dans les champs, autour de moi, il fait une nuit
épaisse, embrouillée par une brume d'hiver.

Ce Yoshivara forme une ville à lui seul, une
vraie ville séparée, moins grande assurément,
mais beaucoup plus luxueuse que Yeddo lui-
même. Nous voyons maintenant devant nous
étinceler ses mille lumières ; deux tours, deux
phares comme ceux qu'on allume au bord des
mers, la surmontent, promenant leurs feux dans
la plaine pour appeler de loin les visiteurs.

Nous arrivons. Des rues étonnamment larges
et droites s'ouvrent devant nous, imposantes,
solennelles. Des rangs de becs de gaz éclairent
les façades et, au milieu de la chaussée, s'alignent
d'autres becs portés par de grandes lampes
comme celles de nos promenades. A Yeddo, rien

de pareil, c'est un contraste absolu et tout en faveur de ce faubourg étrange.

D'abord, ce ne sont que de grandes maisons d'un aspect quelconque, ouvertes et masquées par des stores; il s'en échappe, de partout, des bruits discordants, des lambeaux de musique, des raclements de guitares que l'on met au diapason; on dirait, dans quelque coulisse, les préparatifs d'un immense concert: ce quartier d'entrée est celui des *guéchas* (musiciennes et ballerines patentées) que l'on loue à grands frais pour les incroyables fêtes qui se donnent, chaque soir, à quelques pas plus loin, dans des rues encore plus belles.

Je mets pied à terre, car nous voici à certain grand carrefour magnifique au-dessus duquel, de droite et de gauche, s'élèvent, brillent au loin, les deux phares indicateurs. Une rue éclairée *à giorno*, étincelante de lumières et remplie de monde, coupe à angle droit celle par où nous sommes venus; les maisons qui la bordent sont hautes et régulières, à trois ou quatre étages (chose tout à fait inconnue à Yeddo); elles sont surchargées de balcons, de galeries, d'ornements de toute sorte; plusieurs cordons de gaz superposés, alternant avec des rangs de lanternes rouges, courent le long des façades; on dirait une illumination de grande fête et, pour surcroît d'éclairage, au beau milieu de la rue, d'autres lampes à gaz, montées sur des colonnes, se suivent en lignes serrées.

Ce sont les rez-de-chaussée surtout qui jettent
au dehors les plus vives traînées de lueurs, —
comme chez nous, les étalages des magasins élégants.

Étalages en effet, mais bien étranges!... Ils sont
grillés de barreaux légers, comme si, tout le long
des maisons, s'ouvraient d'interminables ména-
geries; mais de barreaux dorés, très fins, qu'on
ne mettrait point à des bêtes féroces, — à des
oiseaux tout au plus...

Est-ce un immense et immobile musée de cire?
Une collection de poupées merveilleuses?? Une
exposition générale d'idoles???... Des femmes
sont là, dans ces devantures, sur des estrades,
derrière ces minces grillages, en pleine lumière
sous des réflecteurs; d'un bout de rue à l'autre,
elles sont alignées par centaines, avec une cor-
rectitude de régiment prussien, toutes dans une
pose identique. Leurs costumes de soie sont des
plus fraîches couleurs, roses, bleus, verts, rouges,
chamarrés d'argent et d'or, brodés délicieusement de papillons, de monstres, de dragons, de
feuillages. Elles ont des coiffures larges, piquées
de grandes épingles; elles sont assises sur des
tapis écarlates, et elles se détachent, pour plus de
pompe, sur des écrans très rapprochés, qui ne
laissent rien voir de l'habitation intérieure, et qui
sont en laque d'or, peints et ouvragés avec autant
d'art que les panneaux des temples.

Et la foule, qui passe et repasse, admire ces femmes éblouissantes, qui ne bougent jamais, dont les yeux las et presque morts restent pudiquement baissés. En avant des maisons, sur toute la longueur des rues, il y a, comme dans nos salons de peinture, des balustrades solides sur lesquelles les gens s'accoudent pendant leurs contemplations.

Elles sont légion, ces belles immobiles ; on voit fuir, en interminables perspectives, sur ces fonds d'écarlate et d'or, leurs rangées de chignons noirs, de visages peints, de toilettes féeriques. Elles sont, comme les poupées, bien blanches avec un rond rose au milieu de chaque joue et, quelquefois, au bord des lèvres, un peu d'or. Devant chacune d'elles est posée une boîte semblable, en laque rouge à fleurs d'or ; et les boîtes aussi sont alignées, comme les femmes, avec le plus grand soin, jusque dans les lointains de la rue. Et le seul mouvement qui soit permis aux belles automates, est de prendre, de temps à autre, dans cette boîte de laque, leur petite pipe ; ou bien leur petit miroir, leur houppe à poudrer, — et de retoucher un peu leurs joues, là, devant le public, sous le feu des réflecteurs.

De loin en loin, la monotonie des robes éclatantes est rompue par une robe de laine, terne et sombre ; celle qui la porte, assise comme les autres, entre sa boîte et son écran dorés, a un air honteux d'être vue, — et c'est une femme du monde que son mari a condamnée, pour quelque manquement grave, à venir passer un certain temps au Yoshivara et à se soumettre aux exigences que ce séjour entraîne.

Aucun signe ne s'échange, aucun sourire, entre les spectateurs et les exposées. Parfois, il est vrai, un monsieur entre par une porte sournoise; peu après, un des beaux écrans dorés s'écarte derrière une des dames de l'étalage, qui disparaît, à l'appel intérieur d'une dame plus âgée, et qu'une autre aussitôt remplace... Mais c'est tout ce qu'un esprit malveillant pourrait relever d'équivoque dans cette exposition chaste et charmante...

C'est au Yoshivara, et là seulement hélas, que le Japon conserve encore ses beaux costumes brodés, son luxe original du vieux temps.

Bien des Parisiennes — que tout ceci scandalisera beaucoup, je n'en doute pas, — possèdent, et admirent, et ne craignent pas d'endosser quelquefois ces jolies robes japonaises, si ingénieusement nuancées, qui leur sont venues de là-bas à peine défraîchies, mais déjà portées un tant soit peu (ce qui se devine à je ne sais quelle atténuation dans les teintes, à je ne sais quelle senteur féminine élégante gardée par la soie). Eh bien, je regrette de le leur dire, mais ces robes sont des défroques des dames du Yoshivara, ou bien de ces jeunes messieurs encore moins intéressants qui, au

théâtre, jouent en travesti les rôles de grandes
coquettes.

A part les dames de la cour, dont les robes sont
d'un genre spécial inconnu en France, toutes
les Japonaises sont à présent en robes unies et
sombres, marron, bleu marine ou gris neutre...

J'ai juste le temps de faire une fois le tour de
la rue principale, d'admirer dans leur ensemble les
jolies poupées muettes et leurs écrans d'or. Et
puis, après ce dernier coup d'œil jeté à un spectacle magique, vite je reprends mon petit char, et
je me sauve, à travers dix kilomètres de banlieue
déserte et noire, pour ne pas manquer ce train de
minuit, qui m'emmènera du Japon pour toujours...

L'IMPÉRATRICE PRINTEMPS

J'ai tramé quelques intrigues, je l'avoue, pour être invité chez cette presque invisible impératrice, que je rêve de voir à cause de son invisibilité même.

Et j'ai réussi, car je tiens entre mes doigts une grande enveloppe à moi adressée, au revers de laquelle je reconnais les armes impériales : cette sorte de rosace, simple et étrange, qui orne les monnaies, le faîte des monuments publics, le voile des temples, et qui est la représentation conventionnelle du chrysanthème, — comme était, sur nos bannières de France, la représentation du lis.

Je l'ouvre, et j'en retire un carton d'un blanc
ivoire, timbré, lui aussi, d'un chrysanthème
héraldique d'or et encadré d'une fine guirlande
de chrysanthèmes ordinaires à feuillages d'or.
L'aspect de cette invitation fait, à lui seul, pré-
sager quelque chose de rare et d'exquis. Au
milieu, il y a naturellement un indéchiffrable grimoire, qui est disposé en petites colonnes verti-
cales et dont la lecture, au rebours de toutes nos
notions, doit être faite de haut en bas.

Cela signifie : « Par ordre de Leurs Majestés
l'empereur et l'impératrice, j'ai l'honneur de vous
inviter à venir au jardin du palais d'Akasaba voir
les fleurs de chrysanthème.

Signé : » HITO HIROBOUNI, ministre du palais.

» Le 4ᵉ jour du 11ᵉ mois de la 18ᵉ année Mesgi
(9 novembre). »

Et un second carton, plus petit que le premier,
porte ces indications pratiques : « Les voitures
devront entrer par la porte Impériale. S'il pleut
le 9, la fête sera le 10 ; s'il pleut le 10, la fête
sera supprimée. »

C'est à Yeddo, cela va sans dire, qu'il faudra
se transporter pour voir cette fête des chrysanthèmes, qui est de tradition antique. Avec la fête
des cerisiers en avril, c'est la seule occasion où
l'impératrice puisse être aperçue, et seulement par
un petit nombre de privilégiés, au fond de ses jardins. Il y a peu d'années encore, paraît-il, elle

vivait aussi invisible qu'une vraie déesse; lorsqu'elle devait quitter l'enceinte immense du palais
d'Yeddo pour se rendre dans quelqu'un de ses
parcs éloignés à la campagne, on enveloppait
de longs voiles violets sa chaise à porteurs en
laque d'or, et des valets couraient devant pour
faire fermer sur son passage les portes et les
fenêtres.

Le 9 novembre, au matin, il fait, hélas! un
temps d'automne gris et sombre; le ciel est tout
d'une pièce. Et vers midi, comme j'arrive à Yeddo,
par le train d'Yokohama, en belle toilette pour la
souveraine, de premières gouttes de pluie commencent à tomber, lentes, fines, très inquiétantes.
Yeddo est bien laid et bien triste par un temps
pareil. Aucun indice nulle part de cette chose
presque féerique qui va peut-être se passer à deux
pas d'ici dans un moment : une fête de fleurs,
présidée par une impératrice du Japon, au milieu
de très mystérieux jardins. Non, rien qui y prépare les yeux ni l'esprit. Toujours cette même
succession de vilaines petites rues boueuses, noirâtres, pareilles, au milieu desquelles me roulent
deux coureurs de louage. Dans quelle direction
est-il même, ce palais d'Akasaba où je leur ai
dit de me conduire? Je l'ignore complètement, je
ne l'ai jamais aperçu dans mes promenades (c'est
si grand et si délayé, ce Yeddo!). — Du reste on

s'est peut-être efforcé de le dissimuler, lui aussi, de le rendre invisible comme les personnes qui le hantent ; il me fait l'effet maintenant d'un lieu à moitié chimérique. Nous franchissons des terrains vagues, des cloaques, des fossés où les lotus sont déjà jaunis et fripés par le vent du Nord, des enceintes de remparts bas ressemblant à des murs cyclopéens qui, je ne sais pourquoi, coupent la ville. Et nous croisons des passants crottés, vêtus tous de piteuses robes en coton bleu qu'ils retroussent sur leurs jambes nues. En somme, un Japon maussade et banal, que j'ai déjà vu cent fois, et qui prend un air pleurard encore plus ennuyeux sous la pluie... car je crois qu'elle tombe, l'affreuse pluie, décidément.

« *S'il pleut le 9, la fête sera le* 10. » — Allons, il pleut, c'est incontestable ; il pleut même à verse à présent. Inutile de se faire conduire au palais ; d'ailleurs je suis déjà trempé, plus du tout présentable. Mais que devenir? On ne peut vraiment pas aller rôder dans les maisons-de-thé en grand uniforme! Mes coureurs rabattent sur moi la capote de mon petit char, ils endossent leur manteau en paillasson qui leur donne l'air de porcs-épics, — et je rebrousse chemin, sous un vrai déluge, pour aller demander l'hospitalité à quelques amis de la légation de France, en attendant l'heure de reprendre la route d'Yokohama par le train du soir.

Ils habitent, ces amis, dans des maisons japonaises. Et ma journée se passe, chez l'un ou chez l'autre, à causer et à attendre, en séchant devant leurs réchauds de bronze ma tenue de gala toute mouillée. Elles sont mortelles, ces habitations japonaises, par une pluie de novembre : bien basses de plafond; bien isolées de la rue par de bizarres jardinets sans fleurs, tout en petites pelouses et en petits rochers; bien mesquines et toujours divisées, par des panneaux de papier à glissières et à trucs, en une série de pièces lilliputiennes, de plus en plus sombres à mesure qu'on s'éloigne de la véranda par où vient la lumière. Et une si triste lumière! Un demi-jour terne, blafard, glacial, filtrant à travers ces carreaux de papier qui font l'office de vitres. Naturellement, on ne distingue rien du dehors à travers ces carreaux-là, — mais on l'aime encore mieux, je crois, que de voir tomber toute cette eau sur les petits tertres ruisselants, sur les ravins en miniature, les petits ponts de poupée, les petits arbres, toutes les mièvreries du jardin.

En vérité, ces nattes blanches sur le plancher vous font geler, — et aussi ce bois blanc partout, ces minces murailles de papier blanc, cette absolue nudité du gîte. Alors on s'assied bien près, bien près du grand réchaud lourd, qui pose sur un trépied de laque et dont les anses représentent des monstres : là dedans brûle un charbon provenant d'un arbre spécial, qui a la propriété de ne s'éteindre jamais, mais qui chauffe sans gaieté et répand une indéfinissable senteur endormante.

Et c'est long, toute une journée passée ainsi, jusqu'à l'heure d'un train de retour qui part très tard ; c'est long surtout pour moi qui avais rêvé l'impératrice et ses chrysanthèmes. Voici même que mon désir de voir cette femme s'accroît d'une manière obstinée assez singulière, dans la séquestration de cette après-midi pluvieuse, et tandis que l'occasion unique semble m'échapper... *S'il pleut le* 10, *la fête est supprimée.* Mon Dieu, pourvu qu'il ne pleuve pas !

Le 10, le jour se lève calme, tiède, trop tiède même pour la saison, et uniformément voilé d'un crêpe gris. Pourtant le Fusiyama — (ce grand cône volcanique, solitaire, que, depuis des siècles, les Japonais dessinent au fond de tous leurs paysages) — laisse voir là-bas, tout au loin dans le ciel, sa pointe neigeuse. Et c'est un proverbe nippon que, si le Fusiyama s'est montré le matin, il fera beau jusqu'au soir.

Vers onze heures, le voile se déchire par places ; çà et là commence à paraître le vide clair, le vide bleu, — et l'espoir me revient d'être reçu par la souveraine. Du reste, à la gare d'Yokohama, au départ de midi, il y a quelques diplomates en habit et cravate blanche (ministres des légations européennes), et quelques dames en toilette de visite parée : des invités à la fête, qui ont confiance, eux aussi, dans le beau temps et qui se rendent.

Une heure de chemin de fer, en compagnie d'une belle et charmante ministresse, presque française, qui, par flatterie pour l'impératrice, a orné son manchon en peau d'oiseau rare d'un bouquet de chrysanthèmes bruns, jaunes et violets, assortis aux trois tons de sa robe de velours. Et nous débarquons à Yeddo par un radieux soleil d'automne, qui brille maintenant dans un ciel sans nuages.

Et comme l'aspect des choses est changé depuis hier! Tout ce peuple, qui ne verra rien de la fête mystérieuse des grands, fait aujourd'hui la sienne dehors, sous la belle voûte bleue d'où l'eau ne tombe plus. Le long des rues pleines de monde, il y a une foire sans fin étalée par terre, des bonbons, des moulins à vent, d'inimaginables jouets, des masques de monstres ou des masques de renards sacrés. Et des chrysanthèmes, des chrysanthèmes partout! Les petits enfants innombrables, joyeux dans leurs belles robes bigarrées, se promènent par troupes en se donnant la main. Les diaboliques saltimbanques s'agitent sur des tréteaux, au son des gongs, des claquebois et des flûtes. Les boutiques ont déployé au vent leurs

oriflammes multicolores, leurs dragons rouges,
leurs chimères bleues, leurs affiches extravagantes hissées sur de longs bambous ; l'air est
plein de découpures et de bariolages, en étoffe
ou en papier, qui s'agitent et flottent. Et toujours
des chrysanthèmes : des chrysanthèmes en gerbes
roses dans des vases de bronze ; des chrysanthèmes en guirlandes blanches devant des maisons ;
des chrysanthèmes entre tous les petits doigts et
dans tous les chignons des *mousmés* rieuses...

Mais comme c'est loin, ce palais d'Akasaba, où
nous allons ! Mes coureurs s'essoufflent, et nous
n'arrivons pas. Les rues se succèdent, et les foules
compactes, et les grouillements humains sur les
places ; puis viennent des endroits tranquilles,
des terrains déserts, des étangs, des avenues
ombreuses ; — et de nouveau des rues, du monde,
des chrysanthèmes, des saltimbanques, d'assour-
dissantes musiques...

Et, enfin, dans un quartier où je n'étais pas
venu, sur une hauteur isolée, nous voici en face
d'une muraille basse, grise et triste, inclinée en
dedans comme un solide rempart, et indéfiniment
prolongée dans le lointain comme une enceinte de
ville. Il paraît que c'est là.

Sans doute, il est bien bas, lui aussi, ce palais,
bien écrasé, pour qu'on n'en puisse rien voir
d'où nous sommes. Des cimes de vieux arbres
dépassent seules ces murs ; cela semble quelque

grand bois sacré un peu funèbre, fermé aux yeux profanes.

Une porte sinistre peinte en noir et surmontée d'une toiture grimaçante dont les angles ébauchent vaguement des formes de monstres ; c'est la *porte Impériale*. Elle nous donne accès dans une grande cour dallée, une espèce de place plutôt, où un silence subit succède à la clameur de la ville, et où plane je ne sais quelle imposante et oppressante tristesse. Il y a là des gardes, vêtus comme nos huissiers ou nos suisses, qui s'empressent effarés, qui courent sans faire de bruit; il y a des chevaux de selle tenus en main par des laquais, il y a quelques équipages sombres et corrects, ayant amené des princes ou des ministres. On sent qu'une agitation règne sous ce silence, mais on dirait quelque deuil qui se réunit, quelque mystère qui se prépare plutòt qu'une fête et une fête de fleurs.

Aucun luxe aux abords de l'immense résidence. Le « palais », — si palais il y a, — qui occupe le fond de cette cour, ressemble à n'importe quelle maison japonaise, ni plus haut, ni moins simple, — plus étendu seulement, couvrant en longueur beaucoup d'espace.

A l'entrée, des laquais en livrée européenne, frac noir et gilet rouge, reçoivent les manteaux des invités, et distribuent des numéros japonais sur des petits cartons. Et puis il faut passer indi-

viduellement devant une table glaciale, à tapis
vert, autour de laquelle sont assis des intendants
qui examinent les invitations et les cartes de
visite des invités ; ils les examinent d'un œil
défiant, — sans cesser toutefois d'être courtois, —
et les confrontent avec un grimoire écrit à l'encre
de Chine, en colonnes, sur le papier de riz : évidemment, la liste des élus, — qui, du reste, n'est
pas longue. Eh bien, il n'est pas accueillant, ce
seuil impérial ; on y sent tout de suite que la
demeure, jadis plus fermée que les cloîtres et les
sérails, n'a pas encore beaucoup l'habitude de
s'ouvrir.

Dans des couloirs étroits et bas, qui viennent
après, nous nous trouvons maintenant une quinzaine errant à la file, avançant avec hésitation :
deux ou trois habits brodés d'amiraux chefs de
stations navales, et des habits noirs de princes
japonais ou de plénipotentiaires européens.
Par gestes, des officiers du palais nous indiquent la direction à suivre : tout droit devant
nous. Et lentement, nous marchons comme à la
découverte.

Le palais d'un empereur du Japon ! Quel rêve
d'originale splendeur ce seul mot est capable
d'évoquer dans bien des imaginations parisiennes !... Je suis déjà trop japonisant, moi qui y
pénètre aujourd'hui, pour m'illusionner sur ce
point ; j'ai déjà vu dans ce pays des habitations

seigneuriales, et je sais en outre que le culte shintoïste, dont le Mikado est grand prêtre, recommande la simplicité, attache même au modeste
bois naturel une idée religieuse toute particulière.
Cependant cet idéal de nudité dépasse encore
mon attente : des montants de bois blanc tout uni,
des panneaux de papier uni tout blanc, — et rien
nulle part, rien, absolument rien.

Mais la propreté, la simple propreté, poussée à
ce point extrême, constitue à elle seule un luxe
ruineux, dont l'entretien est presque inexplicable.
Tous ces bois qui sont sans une sculpture ni une
moulure, menuisés à arêtes vives avec une précision d'horlogerie, paraissent n'avoir jamais
subi l'attouchement d'une main humaine; ils ont
cette teinte vierge toute fraîche, qui s'altère si
vite, même au seul contact de l'air. Tous ces plafonds, tous ces panneaux, sur lesquels on cherche-
rait en vain la trace d'une promenade de mouche,
sont faits d'une seule grande feuille de papier
blanc, tendue sans un pli, collée sans une tache,
par je ne sais quels incomparables tapissiers d'une
espèce inconnue chez nous. Et par terre, sur ces
nattes fines qui ne sont ni teintes, ni ouvrées, il
semble que personne n'ait jamais marché. Combien de fois par an faut-il renouveler toutes ces
choses, et les choisir entre mille, pour obtenir
cet effet d'immaculée blancheur?...

Les étroits couloirs se prolongent, toujours

pareils; de distance en distance, quelque châssis entr'ouvert laisse voir un appartement vide, — un compartiment plutôt, — à parois de papier, où tout est de la même nudité absolue. Et vraiment, *si on ne savait pas*, jamais on ne devinerait dans quel lieu très particulier défilent nos habits brodés et nos habits noirs.

Cependant voici une première apparition quasi fantastique, qui nous donne l'éveil : au milieu de cette monotonie blanche, par l'ouverture d'un de ces minces châssis, se montre tout à coup une petite créature vieillotte, une fée sans doute, éblouissante comme un colibri, dans un costume qui est une quintessence d'étrangeté. Toute petite, parcheminée, ridée, extraordinaire dans sa laideur comme dans son luxe d'un autre monde, elle est quelque princesse probablement, — ou bien une dame d'honneur. Elle porte la tenue de cour, qui doit remonter à plusieurs siècles. Ses cheveux gommés sont éployés en éventail autour de sa plate figure aux yeux bridés et presque morts. Elle a des culottes en soie lourde, d'une pourpre magnifique; des culottes très bouffantes qui s'extravasent par le bas en gigantesques « pieds d'éléphant » ; — et un long camail à la prêtre, d'un vert réséda qui change et chatoie, tout semé de chimères multicolores, dont les reflets sont comme ceux des gorges d'oiseaux-mouches.

On la regarde et on l'admet sans surprise,

parce qu'*on sait où l'on est* : dans le lieu du monde le plus raffiné peut-être et le plus rare, malgré sa simplicité voulue, qui n'est qu'un masque. Évidemment ce palais, derrière ses derniers et plus profonds panneaux de papier, doit recéler des hôtes étonnants et de merveilleuses richesses.

Elle se joint à nous, la vieille petite fée, mystérieusement souriante, après un gentil salut presque ironique. Et ensuite il en surgit une autre, — et une autre encore; leurs soies, qui sont splendides, qui sont des merveilles orientales, ont des nuances et des éclats différents; des éclats qui, dès qu'elles se rapprochent, semblent s'exaspérer par contraste, si l'on peut dire ainsi, et devenir métalliques, presque lumineux.

Et puis elles sont jeunes, ces deux dernières, — et même jolies, ce qui est assez rare pour des Japonaises.

Tiens! l'une d'elles, que, sans son gracieux sourire, je n'aurais pas reconnue dans sa tenue de cour, est la « comtesse Inouyé », la femme du ministre des affaires étrangères; je ne l'avais vue qu'au bal, dans une toilette parisienne violet mourant à longue traîne, qu'elle portait du reste avec une aisance du meilleur aloi... Et l'autre aussi, la plus jeune, je l'ai rencontrée! — La « marquise Nabeshima! » Je crois même que j'ai eu l'honneur de valser une fois avec elle, un soir qu'elle portait, sans le moindre embarras, une toilette Louis XV, blanc crème, à paniers. — Mais était-ce au bal qu'elles étaient déguisées, — ou bien est-ce aujourd'hui?...

Notre troupe, qui s'est augmentée de quelques nouveaux venus, et qui est maintenant d'une trentaine de personnes à peu près, vient d'arriver, sans aventures ni encombres, dans un grand compartiment blanc, espèce de salon d'attente qui doit donner sur les jardins. Aucun meuble dans ce salon, cela va sans dire, ni aucun siège; seulement, à chaque angle, posée par terre, s'élève une incomparable potiche de Satsouma, de cinq ou six pieds de haut, dont le couvercle est surmonté d'un monstre souriant; et sur la blancheur virginale des murs, sont jetés comme au hasard, trois ou quatre phénix d'or, envolés, qui se poursuivent.

Il est à peine deux heures et demie, et l'impératrice, nous dit-on, ne paraîtra qu'à trois heures. Les officiers du palais, qui sont là avec nous, et les petites fées aux reflets changeants, nous invitent à aller l'attendre là-bas, au fond du parc, sur certaine colline où la fête doit se passer.

Alors les panneaux de papier transparent glissent sur leurs rainures, s'ouvrent, et les jardins apparaissent. Un beau soleil tranquille les éclaire. L'enchantement commence.

Sur des écrans, sur des porcelaines, on a vu quelquefois, sans y croire, de ces sites invraisemblablement jolis, trop compliqués de lacs et d'îlots, où les perspectives et les dimensions semblent fausses, où les arbres ne sont pas verts, mais peints en nuances quelconques, comme des touffes de fleurs.

Au seuil de ce salon qui vient de s'ouvrir, nous sommes sur une hauteur, dominant la réalité de tout cela; apercevant, entre quelques branches de cèdre très rapprochées qui retombent, des jardins bas, des pelouses de velours, des rochers étranges, des ruisseaux sur lesquels passent de légers ponts courbes bombés en demi-cercle, des reflets d'eau qui dorment sous de la verdure, des fuites profondes d'avenues qui se perdent sous bois. Çà et là, sur les pentes gazonnées, il y a des touffes de « bambous argentés » qui sont des verdures presque blanches; des « érables rouges » qui semblent des arbres en corail, et je ne sais quelles broussailles dont le feuillage est d'un violet de scabieuse. Et, au delà de ces choses délicieusement artificielles, enfermant le tout avec un grand mystère, s'étend un vrai horizon de collines et de hautes futaies sombres, un vrai lointain qui joue la forêt et le pays sauvage. Quel étonnement que cette solitude au milieu d'une ville; quel caprice de souverain! — Il y a un calme particulier dans ces jardins d'ordinaire impénétrables, un silence à part, une mélancolie suprême augmentée aujourd'hui par ce déclin d'automne.

En petits groupes peu espacés, nous descendons dans ces jardins bas par des sentiers qui sont recouverts, jusqu'à perte de vue, de longs courants de nattes blanches, — sans doute pour que l'impératrice, qui elle-même descendra par là tout à l'heure, n'ait pas à poser ses petits pieds par terre, même sur ce sable très fin. Deux ou trois nouvelles fées, vêtues d'autres couleurs sans nom, sont sorties derrière nous et ferment la marche : il doit y en avoir évidemment beaucoup du même beau plumage, dans ce palais de bois blanc et de papier qui est leur quartier général. Nous sommes maintenant une quarantaine, — et ce sera tout, la liste est close. C'est du reste très peu, quarante personnes perdues dans ces grands jardins aux solitudes de forêt. Nous avançons presque en córtège, en troupeau de moutons, involontairement tassés, plusieurs d'entre nous ignorant où nous allons et en quoi la fête consiste.

A tous les carrefours où nous pourrions nous égarer, quelqu'un de ces laquais à gilet rouge, qui sont légion, se tient pour nous indiquer quelle route il faut suivre, quelles allées il nous est interdit de prendre.

Et devant certaines parties du parc, devant

certaines avenues que nous ne devons probablement pas regarder, il y a de grands voiles noirs tendus, masquant tout; de grands voiles noirs en crêpe, à bords blancs, comme des ornements de deuil.

Il fait presque chaud sous ce soleil de novembre, qui éclaire d'une lumière douce très pure et cependant un peu atténuée...

Nous stationnons à un rond-point sablé, autour duquel s'élèvent des constructions légères en bambou, drapées et voilées de crépons de soie d'un violet tendre (couleur réservée aux souverains comme était autrefois la pourpre en Occident); sur tous ces voiles lilas, des chrysanthèmes héraldiques blancs étalent leurs larges rosaces étranges.

Ce sont des expositions de fleurs. Sous ces abris et sous ces tentures impériales, il y a des collections de chrysanthèmes qui sont naturels, mais qui n'en ont pas l'air; des chrysanthèmes merveilleux, en l'honneur desquels Leurs Majestés nous ont conviés; de très surprenants chrysanthèmes dont rien ne peut donner idée dans nos parterres d'automne [1]. Avec une régularité géométrique, ils sont plantés en quinconces, sur des

1. Ceci est écrit en 1886. Aujourd'hui on obtient en France des chrysanthèmes qui se rapprochent davantage de ceux du Japon.

gradins en terre que recouvre une imperceptible
mousse unie et comme passée au rouleau ; chaque
pied n'a qu'une seule tige, et chaque tige n'a
qu'une seule fleur. — Mais quelle fleur! plus
grande que nos plus grands tournesols, et toujours d'une nuance si belle, d'une forme si rare :
l'une a des pétales larges et charnus, disposés de
telle façon régulière qu'on dirait un gros artichaut
rose ; sa voisine ressemble à un chou frisé, d'une
couleur fauve de bronze ; une autre encore, du
jaune le plus éblouissant, a des milliers de petits
pétales minces qui s'élancent et retombent comme
une gerbe de fils d'or ; il y en a qui sont d'un
blanc ivoire, d'autres d'un mauve pâle, ou bien
du plus magnifique amarante ; il y en a de pana-
chées, de nuancées, de mi-parties... Et on se rend
compte du travail qu'a coûté cette production
de fleurs géantes en regardant de près les à peine
visibles supports qui montent le long des tiges,
se bifurquent sous ces feuilles, soutenant celles
qui seraient trop lourdes, ou bien pinçant et arrêtant la sève chez celles qui se développeraient
trop vite.

Les petites fées aux longs vêtements de colibris
regardent avec nous ces collections, mais d'un air
de condescendance distraite ; comme il fait plus
chaud, elles agitent, ouvrent et referment constamment leurs éventails de cour, qui sont bien
les plus grands éventails connus ; sur les soies

plissées qui les composent, sont peints des rêves
très vagues, presque indicibles, des moires marines,
des reflets d'eau dans des nuages, des lunes pâles
d'hiver, des ombres de vols d'oiseaux qu'on ne
voit pas, ou bien des pluies de pétales de pêcher
emportées par le vent dans des vapeurs d'avril;
à chaque angle de la monture est attaché un
énorme gland en fanfreluche, avec des queues
en chenille nuancée qui traînent par terre,
balayant le sable fin à mesure que la dame
s'évente...

Il ne faut pas s'attarder ici, nous dit-on; il faut
aller plus loin, plus loin, voir d'autres fleurs plus
belles, et monter sur la colline là-bas, où l'impératrice viendra, tout à l'heure, s'asseoir un instant au milieu de nous.

Nous nous engageons donc dans un chemin
ombreux, entre une colline boisée de grands
cèdres qui font voûte sur nos têtes, et un étang
morne rempli de lotus. Les cèdres sont très vieux,
très moussus; ils ont des branches retombantes
qui s'abaissent beaucoup, jusqu'à traîner sur les
pelouses. On dirait un site tout à fait agreste, et
voici même une rizière, une vraie rizière (celle
que, par tradition antique, le Mikado doit chaque
année faucher de sa propre main à l'époque de la
moisson).

La colline, le plateau où l'on nous conduit, est
un parterre entièrement rose de chrysanthèmes,

d'où la vue plonge de tous côtés sur les lointains boisés du parc; le lieu est délicieusement paisible; on y oublie complètement et on n'y comprend même plus cette ville en fête, qui grouille et joue du gong partout alentour.

Sur les côtés du parterre, dans de hauts kiosques légers, et toujours à l'abri des mêmes longues soies violettes étoilées de rosaces blanches, il y a d'autres expositions de fleurs, — d'autres *fantaisies sur les chrysanthèmes*, pourrait-on dire plutôt, exécutées par des procédés différents et avec des secrets plus extraordinaires. Ici, ce sont des espèces de bouquets montés, comme ceux que l'on met dans nos vases d'église, mais d'énormes bouquets, gros comme des arbres; les pieds, au lieu de n'avoir qu'une tige, en ont bien une centaine, disposées avec la plus parfaite symétrie autour d'un tronc central; et, au bout de chaque branche, il y a une fleur largement ouverte, jamais passée, jamais en bouton, toujours au même point de son épanouissement éphémère; le même jour, évidemment, tout cela, qui a coûté tant de peine, doit se faner et finir. Et chacun de ces chrysanthèmes porte, sur une bandelette de papier, son nom écrit à l'aide de ces caractères savants qui peuvent être lus en deux langues différentes, en chinois aussi bien qu'en japonais; ils s'appellent le *dix mille fois saupoudré d'or*, la *brume de montagne*, le *nuage automnal*...

Trois heures et demie! Elle est en retard, l'impératrice. Dans certains groupes, on commence à dire qu'elle ne se montrera pas, et je sens une impatience inquiète, moi qui ne me soucie de rien que de la voir. Tout au bord de la colline où nous sommes, j'ai pris poste d'observation, je surveille les lointains des jardins bas, pour ne pas manquer l'arrivée de son cortège, le long de l'étang aux lotus, par l'allée de cèdres qui nous a amenés.

On est d'ailleurs en très agréable situation pour l'attendre, dans ce haut parterre entouré de crépons violets aux armes impériales ; en tout petit nombre, dans un grand espace très gardé et mystérieux, pouvant se trier, s'isoler, on cause doucement en langues diverses, tandis que les deux musiques de la cour jouent à tour de rôle, dissimulées derrière des verdures. Elles jouent des choses, qui, dans ces jardins, détonnent au moins autant que nos habits français, mais qui sont beaucoup plus jolies : cela commence par le quatuor de *Rigoletto;* ensuite c'est du Berlioz, du Massenet, du Saint-Saëns... Et elles sont excellentes, ces musiques! Mais quel méli-mélo où l'esprit se perd... Où est-on, en réalité, à quelle époque de transition affolée, et dans quel pays chimérique? Vraiment on ne sait plus. Rien de banal, par exemple, dans cet ensemble; rien qui ne soit au contraire extrêmement raffiné et rare : dans un lieu tout à fait unique, c'est une réunion de gens disparates au dernier point, mais en somme assez choisis. C'est aussi la conjonction d'une fête annuelle avec une journée exceptionnellement radieuse; à tant d'autres raretés qui sont là, ce beau ciel de novembre ajoute encore la sienne, — qui est une rareté mélancolique. Dans l'air tranquille, au-dessus de cette profusion de fleurs d'automne agrandies par des moyens artificiels, flottent les rêveries les plus singulières de notre musique occidentale, — en ce moment même, c'est la *symphonie fantastique* qui commence à bruire en sourdine derrière les bambous... Et puis, planant sur toutes choses, il y a cette impression, que l'on a, d'assister au dernier éclat d'une civilisation qui va finir; il y a ce pressentiment que, demain, ces merveilleux costumes vont rentrer dans la nuit morte des traditions et des musées, que pareil assemblage ne se reverra jamais, jamais plus [1].

Comme ils sont d'une laideur inquiétante, ces princes exotiques, avec nos habits de soirée, nos claques et nos cravates blanches!

---

1. Quelques mois après, un édit impérial a supprimé l'antique tenue de cour et ordonné aux grandes dames de ne plus se montrer qu'en « costume européen, coiffées à l'américaine ». Et l'année suivante, en 1887, la fête des Chrysanthèmes s'est appelée un *garden-party;* l'impératrice s'y est montrée en sombre costume montant, habillée par les soins d'une *première* de je ne sais quel costumier de Paris, qu'on avait mandée au Japon exprès pour la circonstance.

Comme elles sont exquises, au contraire, les princesses leurs sœurs, agitant leurs grands éventails de rêve! Il en vient toujours de nouvelles, du fond de ces jardins bas que je ne cesse de surveiller, guettant toujours l'apparition de la souveraine ; elles s'avancent lentement, aux frou-frous de leurs camails qui font songer aux trois robes de Peau-d'Ane ; dans le nombre, je reconnais encore quelques danseuses des bals de ministère, mais si transfigurées aujourd'hui ; non plus étriquées par nos longs corsets en gaine, mais vraiment nobles d'aspect dans leurs tenues de prêtresses ou d'idoles. Grands saluts, grandes révérences à la nippone, qu'elles distribuent et qu'on leur rend malgré soi de la même manière, à mesure qu'elles arrivent à petits pas au milieu de nous, éblouissantes à côté de nos vêtements tristes, à côté des nuances neutres de deux ou trois ambassadrices européennes qui sont là...

Déjà le soleil baisse, il est quatre heures ; la lumière plus dorée, l'espèce de brouillard d'or rose du soir commence à descendre dans les jardins... Un mouvement parcourt tout à coup les groupes, une petite rumeur passe, puis fait place au silence. Sur un signe, l'orchestre qui jouait s'arrête au milieu d'une phrase, puis tous les instruments entonnent ensemble un chant religieux japonais, vague, lent et lugubre, comme pour une entrée d'êtres surnaturels. Et là-bas, au bout de l'allée que je regarde toujours, voici quelque chose d'éclatant qui apparaît, un groupe d'une vingtaine de femmes en costumes inouïs. Éclairées, au fond de ce lointain, par un soleil déjà rougeâtre qui décline, elles arrivent sans hâte, dans le chemin resserré entre la colline de cèdres et l'étang de lotus; elles se détachent en masse magnifiquement colorée et lumineuse sur le rideau de ces vieux arbres sombres, et l'étang reflète, en longues traînées adoucies, le violet et l'orange, le bleu et le jaune, le vert et le pourpre de leurs toilettes de fées.

Tant que je vivrai, je reverrai cela : dans le recul profond de ces jardins, cette lente apparition, si longtemps attendue; tout le reste de la fantasmagorie japonaise s'effacera de ma mémoire, mais cette scène, jamais... Elles sont très loin, très loin; il leur faudra plusieurs minutes pour arriver jusqu'à nous; vues de la colline où nous sommes, elles paraissent encore toutes petites comme des poupées, — des poupées très larges par la base, tant sont rigides et bouffantes leurs étoffes précieuses, qui ne font du haut en bas qu'un seul pli. Elles semblent avoir des espèces d'ailes noires de chaque côté du visage, — et ce sont leurs chevelures, gommées et éployées suivant l'ancienne étiquette de cour. Elles s'abritent sous des ombrelles de toutes couleurs, qui

miroitent et chatoient comme leurs vêtements.
Celle qui marche en tête en porte une *violette*,
ornée de bouquets blancs qui doivent être des
chrysanthèmes : c'est elle évidemment, l'impératrice !...

Voici qu'elles s'approchent, qu'elles s'approchent toujours; elles sont arrivées au pied même
du tertre, et elles vont commencer à gravir; mon
regard plongeant ne voit plus que les dessus de
leurs ombrelles qui cachent leurs figures, et que
les bouts de leurs très petites mules, uniformément rouges, qui pointent les unes après les
autres en avant de leurs robes. J'entends déjà les
frôlements de leurs épaisses soies, tandis que,
derrière les bambous, l'orchestre continue, en
decrescendo mourant, l'hymne pour leur entrée.

Comment va-t-elle être, cette impératrice que
j'ai tant désiré apercevoir? Je ne sais rien d'elle,
si ce n'est que sa maison (les Foudjivara-Itchidjo)
remonte, dans la nuit des âges, jusqu'aux dieux
primitifs; qu'elle est née un certain mois de mai,
l'année même où je faisais aussi mon apparition
sur la terre, au versant opposé; et enfin qu'elle
s'appelle « Harou-Ko », ce qui signifie Printemps.

Avant de parler de ses traits, je voudrais
essayer de décrire un peu fidèlement la tenue de
cour, — de peur qu'en me lisant on ne se représente ces belles robes japonaises, aujourd'hui si
communes en France, qui sont brodées avec un

goût fantasque et qui donnent aux femmes de
gentilles tournures mièvres. Non, le costume de
la souveraine et des nobles dames du palais n'est
rien qui ressemble à cela, même de loin; c'est
quelque chose de plus simple et de plus singulier,
qui les fait larges, plates, rigides, hiératiques,
n'ayant plus forme de femmes. Pour définir leur
silhouette qui me hante, je ne trouve que cette
image : deux cornets renversés et juxtaposés,
dont les pointes seraient aux épaules et dont les
ouvertures très élargies toucheraient le sol. On
ne sait comment appeler cet assemblage, qu'elles
portent, de deux jupes séparées, une pour chaque
jambe; — deux jupes raides et bouffantes, deux
cônes en soie rouge qui s'extravasent par le bas
d'une incompréhensible manière. Leur camail de
prêtresse, avec ses manches pagodes excessive-
ment grandes et longues, commence depuis le
haut ce pli unique, de chaque côté du corps, que
continuent ensuite jusqu'à terre les deux jupes
de pourpre.

Si ces jupes sont toujours rouges (par étiquette,
comme les souliers), les camails, au contraire,
varient de couleur à l'infini. Et quelles couleurs!
Des amarantes, des jaunes capucine, des bleus
turquoise, des verts à reflets de cuivre, des gre-
nats qui paraissent recéler du feu; puis des teintes
sans nom, d'une intensité extrême, ou bien d'une
pâleur effacée, presque fuyante. Et tous ils sont

semés, tigrés, si l'on peut dire, de larges taches
régulières, d'un merveilleux éclat, qui semblent de
grands yeux sur des ailes de papillons, qui semblent *regarder* comme des prunelles louches. Ces
taches rondes sont symétriques et de même dimen-
sion sur tous les camails, mais varient, pour chaque
dame, de nuance et de dessin : examinées de près,
elles représentent des oiseaux aux plumes étalées
en cercle, ou des chimères enroulées sur elles-
mêmes la tête au milieu, ou bien encore des feuilles
d'arbre groupées en rosaces; — et elles sont les
armoiries des nobles et antédiluviennes familles.

Et cette coiffure en ailes entr'ouvertes, qui l'a
imaginée, d'où leur est-elle venue? Aucun nœud,
aucune coque, aucune épingle piquée, rien qui
puisse rappeler, sur ces têtes de princesses, le
chignon si connu des Japonaises ordinaires. Elles
font, avec leurs cheveux gommés, quelque chose
qui ressemble à un très plat et très large bonnet
de sphinx égyptien en laque noire et qui se termine derrière par un long catogan, par une queue
à la chinoise...

Elle est tout près, l'impératrice; elle va passer.
Tous ses invités s'inclinent profondément sur sa
route; les seigneurs japonais sont cassés en deux,
dans leurs habits noirs, les mains à plat sur les
genoux, la tête penchée vers la terre; les Européens sont courbés en salut de cour... La grande
ombrelle violette, délicieusement brodée de chry-

santhèmes en relief, s'est soulevée et je l'ai aperçue... Son petit visage peint m'a glacé et charmé.

Elle passe devant moi, à me frôler, me jetant sur la poitrine son ombre, que j'aurais aimé conserver comme une chose très rare. Je l'ai bien regardée, et elle est du tout petit nombre des femmes auxquelles convient, dans son acception la plus raffinée, l'épithète *exquise*.

Exquise et étrange, avec son air de froide déesse qui regarde en dedans, qui regarde au delà, qui regarde on ne sait où ; exquise avec ses yeux à peine ouverts, tout en longueur comme deux obliques lignes noires et très distants de ces deux autres lignes plus minces qui sont ses sourcils. Un sourire inexpressif de morte entr'ouvre ses lèvres carminées sur ses dents blanches. Son petit nez transparent est à demi courbé en bec d'aigle, et son menton s'avance, impérieux et dur.

Son costume ne se distingue pas de celui des dames de sa suite ; les ailes de sa coiffure sont peut-être plus larges encore et son catogan plus long, parce que ses cheveux sont plus beaux ; mais seules les couleurs de son ombrelle et les taches de son camail indiquent, pour qui connaît le blason japonais, qu'elle est la souveraine.

Et cependant, même sans cela, je l'aurais reconnue entre toutes, à un charme dominateur que les autres n'ont pas.

Elle est de petite taille ; elle marche d'une façon rythmée, dans la religieuse raideur de ses vêtements qui ne laissent rien deviner de sa forme délicate ; la main que l'on aperçoit, celle qui tient l'ombrelle violette, est comme une main d'enfant ; l'autre est cachée sous la rigide manche pagode, si longue, presque traînante. Dans nos pays, avec nos notions sur les apparences des âges, on lui donnerait de vingt-cinq à vingt-huit ans.

Au premier rang, à côté d'elle, en un costume à peu près pareil, passe « mademoiselle Nihéma » l'interprète, celle qui une fois, à certain bal où j'avais invité à danser une princesse qui ne comprenait pas, m'avait répondu à sa place dans un français bizarrement grave. Par contraste, elle a l'expression très vivante, celle-ci ; elle roule de droite et de gauche, sur les invités, ses yeux intelligents et vifs, — tandis que l'impératrice garde son sourire figé et s'avance impassible, saluant légèrement de la tête tous ces gens courbés qu'elle semble à peine voir.

Parmi ces femmes qui suivent en silence, dans un tel éclat de soieries, il y a de bien extraordinaires figures ; quelques laideurs extrêmes, mais jamais déplaisantes ni banales, distinguées toujours. Toutes sont blanches et roses, grâce à d'épaisses couches de poudre nuancées habilement ; mais on devine que là-dessous leur peau doit être fine et jolie. Comme, du reste, elles sont

de caste noble, leur teint naturel doit différer
assez peu du nôtre...

C'est très vite passé, ce petit cortège, malgré la
lenteur de la marche. Je ne vois déjà plus que les
dos magnifiquement mouchetés des dames et leurs
longs catogans noirs, qui s'éloignent, — au son
d'une musique toujours plaintive et inconnue,
jouée par les orchestres cachés.

Elles vont, disent les initiés du palais, faire le
tour des plates-bandes de chrysanthèmes, par
l'allée extérieure tapissée de nattes à leur intention. Alors, pour les revoir de près une seconde
fois, je coupe à travers les massifs fleuris, par un
petit sentier de jardinage, et m'en vais les attendre
là-bas, du côté opposé.

A l'autre angle du parterre, l'impératrice passe
encore près de moi, de sa même allure cadencée,
posant tranquillement l'une après l'autre sur les
nattes blanches ses petites mules rouges. — Son
sourire s'est accentué, mais sans s'adresser davantage à personne. Demi-déesse, elle sourit sans
doute à l'ensemble des êtres et des choses, à la
belle journée qu'il fait, aux belles fleurs qui,
pendant l'automne, s'épanouissent sur la terre...
Et les mêmes petites fées silencieuses la suivent,
souriant aussi dans le vague...

Il y a là, un peu plus loin, dans la direction
qu'elles ont prise, un très vaste kiosque, qui est

drapé, comme les autres, de crépons violets aux armes impériales et que soutiennent de gros piliers, garnis de chrysanthèmes naturels piqués dans de la mousse. Il paraît que nous devons y entrer avec elles.

Une table d'une quarantaine de couverts y est dressée, sous les soies retombantes; elle est servie à l'européenne, chargée d'argenterie, de coupes à champagne, de pâtés de gibier, de pièces montées, de sorbets, de fruits et de fleurs. L'impératrice y prend place, au bout, sur un siège haut drapé de lampas rouge, les princesses autour d'elle, et nous ensuite, les invités, au hasard des chaises que les valets nous présentent. Alors l'orchestre cesse de gémir sa marche lente et entonne une mélodie italienne qui nous fait reprendre pied dans le monde connu, — tandis qu'une quantité de petits êtres à figure jaune, à livrée noire et rouge, surgissent des fonds du kiosque, s'empressent autour de nous avec des légèretés d'oiseau, des obséquiosités d'esclave, découpant les faisans truffés, servant les vins, les bombes glacées, les gelées et les petits fours.

Pendant la demi-heure que dure ce lunch, mes yeux restent fixés sur l'impératrice. D'où je suis placé, je la vois de face, plus pâlie encore et plus mystérieuse, dans la pénombre que jettent sur elle les draperies violettes armoriées de chrysanthèmes. Son visage s'est animé; elle a un peu

plus l'air de regarder les choses réelles, de s'inté-
resser à notre monde visible. Du bout de ses tout
petits doigts, elle fait de temps en temps mine de
prendre sa fourchette pour piquer un bonbon,
ou bien elle porte sa coupe de champagne à ses
lèvres invraisemblablement rouges. Parfois aussi,
quand quelque chose que je ne puis saisir l'étonne
ou la contrarie, son expression change tout à
coup; son sourire persiste, mais, pendant un
inappréciable instant, une contraction nerveuse
pince son petit nez d'aigle, ses yeux deviennent
ironiques, ou durs, ou cruels; ils lancent un
commandement bref, un éclair glacé. Et elle est
plus charmante alors, et plus femme.

Que d'étonnements et de froissements il doit y
avoir encore pour elle, au milieu de ce vertige
qui entraîne son pays vers des choses nouvelles
et inouïes, après des millénaires d'impénétrable
immobilité! Dans son enfance, elle a été sans
doute, comme les impératrices anciennes, une
espèce d'idole cloîtrée qu'on ne pouvait regarder
sans sacrilège; au palais même, ses serviteurs se
jetaient la figure contre terre sur son passage. Et
maintenant, emportée comme le Japon tout
entier par ce bouleversement sans nom, elle
est obligée de se laisser voir par nous, de nous
regarder aussi, de nous sourire, de nous admettre
à sa table. Qui pourra jamais sonder quelles
terribles révoltes d'orgueil en notre présence, ou

quelles timidités sauvages peut-être, se cachent sous ce petit masque poudré et souriant de déesse en train de déchoir!...

« Mademoiselle Nihéma », la noble interprète, est déléguée, dans le courant du repas, pour aller appeler à tour de rôle et amener devant le fauteuil impérial les quatre ou cinq Européennes conviées à cette fête (femmes des ministres de France, d'Angleterre, d'Allemagne, de Belgique, et de Russie). Elles se tiennent un moment debout près de la souveraine, qui les interroge d'une voix à peine perceptible.

« Mademoiselle Nihéma » traduit en français, avec son accent d'une bizarrerie distinguée : ce sont de ces questions stupéfiantes de naïveté voulue, comme les fées d'autrefois· en devaient faire aux mortelles qui s'aventuraient sur leurs domaines. (Cette phrase que je viens d'écrire n'a guère de sens que pour moi-même, j'en ai peur, mais elle exprime si bien l'impression que ces causeries m'ont laissée!)

« L'impératrice demande si vous vous plaisez au Japon?

« L'impératrice demande si vous aimez les fleurs de nos jardins?

« L'impératrice désire que vous vous trouviez heureuse dans son pays. »

Mon Dieu, que dire autre chose, entre femmes de races si différentes, n'ayant peut-être pas, dans

tout le domaine des idées et des sentiments, un
seul point de contact? Pendant que s'échangent
ces niaiseries d'enfant, elle sourit, l'impératrice,
d'un air très fin et assez doux. Avec une curiosité
féminine, — et déjà, hélas! avec un vague dessein
de copier cela bientôt pour elle-même, — elle
examine de haut en bas la toilette de la dame
étrangère; — puis la congédie d'un signe de tête
condescendant, d'un petit salut qui agite les deux
ailes noires de sa chevelure... Et « mademoiselle
Nihéma », avec de grands froufrous d'étoffes
lourdes, s'en va chercher la dame suivante.

Cependant l'air, qui a été chaud tout le jour,
se refroidit; un petit souffle de soir d'automne
remue les tentures du kiosque et nous fait fris-
sonner légèrement. La table est d'ailleurs en
désarroi; les pièces montées sont en déroute et les
pâtés aussi. C'est la fin. L'impératrice se lève,
ouvre sa grande ombrelle violette, bien qu'il n'y
ait presque plus de soleil, reprend son air d'impassible bouddha, et se retire suivie du même cortège, — au son du même hymne recommencé derrière les bambous pour sa sortie. Aux rayons
rougeâtres du couchant, la mystérieuse cour
s'éloigne, reprend, à travers les jardins bas, ce
même chemin bordé de cèdres sombres par où elle
nous était arrivée il y a une heure, si éclatante de
soieries et de soleil.

Demain, ces jardins s'ouvriront encore une fois, pour une fête de second ordre. Tous les hauts fonctionnaires d'Yeddo viendront regarder après nous les fleurs un peu moins fraîches des chrysanthèmes et luncheront à cette même table ; mais, pour eux, l'impératrice ne se montrera pas. Jusqu'au jour des cerisiers fleuris, en avril prochain, on ne la verra plus.

Il ne nous est même pas permis aujourd'hui de suivre de trop près son cortège ; il faut rester là et attendre respectueusement, pour partir, qu'elle soit rentrée chez elle, qu'elle ait repris son invisibilité de mythe religieux.

Encore quelques dernières et suprêmes minutes à l'apercevoir là-bas, elle et sa suite. Vues de dos dans le lointain, toutes ces femmes, avec leurs camails semés d'yeux, avec leurs manches pagodes retombant jusqu'à terre droites et symétriques de chaque côté du corps, semblent de grandes et merveilleuses phalènes crépusculaires à tête noire, qui s'en iraient tout debout, les ailes pendantes, les ailes au repos.

L'orchestre achève maintenant l'hymne japonais qu'elles sont trop loin pour entendre, et sans transition, presque sans arrêt, commence un air sautillant du *Petit Duc* qui tombe en douche moqueuse sur cette fin de fête, qui sonne ironiquement le réveil après le rêve. C'est aussi le signal d'une détente générale : tout le monde, à

cet air-là, élève la voix en causeries quelconques
longtemps retenues ; entre hommes maintenant,
princes japonais ou diplomates européens, on
met au pillage le buffet, redemandant de tout. Et
les lestes petits valets à gilet rouge apportent à
profusion ce que l'on veut, champagne, glaces
ou liqueurs ; font même circuler à présent d'excellents cigares, qu'on allume en fredonnant malgré
soi la ritournelle émoustillée de l'orchestre...

... Quand je serai de retour dans mon pays,
j'écrirai quelque part combien je l'ai trouvée
exquise, cette impératrice. Peut-être, qui sait,
mon hommage lui reviendra-t-il longtemps après,
à travers les mers, traduit par mademoiselle
Nihéma qui lit sans doute nos revues françaises.
Et je veux qu'elle reçoive en même temps ma
respectueuse protestation d'artiste contre ce
projet qu'on lui prête d'abandonner son costume
de déesse, — avec lequel disparaîtra tout son singulier prestige. Ce sera, du reste, le seul moyen
que j'aurai de faire pénétrer jusqu'à elle une de
mes pensées...

... Ils sont bien beaux, à cette heure ici, les
jardins d'Akasaba ; ils ont quelque chose de
magique, à travers la brume rosée du crépuscule,
ainsi éclairés avec de grandes oppositions d'ombre
et de lumière. Dans des bas-fonds obscurs, des
kiosques qu'on aperçoit enfouis sous des cèdres
prennent des aspects de petites demeures surna-

turelles, et dans les parties encore claires, sur les
hauteurs, les arbustes à feuillages rouges et les
arbustes à feuillages violets exagèrent leurs teintes,
jusqu'à la complète invraisemblance des paysages
peints.

Puis voici que tout à coup le soleil, promenant
un dernier rayon oblique dans ce lointain assombri
où l'impératrice est déjà rendue, rencontre encore
une fois son petit cortège et l'illumine en plein
d'une lueur absolument pourprée. — C'est l'adieu
par exemple; aussitôt tout s'éteint; puis, à un
tournant, sous les grands arbres, déjà dans le noir,
le cortège disparaît pour jamais.

Et c'est aussi un lambeau du vrai Japon qui vient
de s'évanouir là, à ce tournant de chemin, qui
vient d'entrer dans l'éternelle nuit des choses
passées, — puisque ces costumes, ni ce cérémonial, ne se reverront plus...

Nous nous en allons, nous aussi, à travers
les jardins déjà pleins d'ombre, qui semblent
s'agrandir avec l'obscurité, où il fait froid et où
nous nous sentons une petite troupe plus perdue.

Dans les couloirs du palais, étroits comme des
souricières, qu'il faut retraverser pour sortir, il
fait nuit close, et on n'a pas prévu l'éclairage. A
la porte, au vestiaire où nous reprenons nos manteaux, c'est le tohu-bohu quelconque d'une fin de
fête européenne; quelques dames d'honneur sont

là, encore en costume de cour, mêlées aux invités qui s'en vont; plus rien d'officiel dans leur manière : on dirait des personnes déguisées pour jouer les phalènes et les bombyx dans une féerie; l'impératrice disparue, elles rient, saluent, tendent la main aux uns et aux autres avec l'aisance américaine.

Nous reprenons nos voitures; nous repassons la porte noire et l'épaisse muraille grise, et nous voici hors de la prison immense des empereurs.

Yeddo, alentour des longs murs d'Akasaba, vient d'allumer ses milliers de lanternes peintes et continue plus fort que jamais son bourdonnement des soirs de fête.

Une heure de course échevelée là dedans pour arriver à la gare. Des cris, des collisions, des cahots. Il y a de tout sur ma route, du vieux Japon encore extraordinaire, et du nouveau Japon ridicule; il y a jusqu'à des tramways, des sonnettes électriques, des chapeaux à haute forme et des macfarlanes.

Mais je traverse ces choses sans beaucoup les voir, ayant encore dans les yeux l'impératrice et son cortège. Pour la première fois de ma vie, je sens une sorte de regret vague en songeant à cette disparition prochaine et complète d'une civilisation qui avait été si raffinée pendant des siècles. Et, à ces impressions, s'ajoute cette mélancolie, — oh! très passagère, je le sais d'avance, mais

réelle tout de même, sincère au premier moment,
— cette mélancolie qu'on éprouve toujours lorsqu'on a concentré pendant quelques heures toute
son attention captivée, toute sa curiosité charmée
sur une femme mystérieusement attirante, et qu'il
faut se dire que c'est complètement fini dans le
présent et dans l'avenir, qu'on ne verra ni ne
saura plus rien d'elle, qu'il y a sur son visage un
voile baissé pour toujours.

FIN

TABLE

7028. — Coulommiers. Imp. PAUL BRODARD. — 3-26.

PIERRE LOTI

JAPONERIES

D'AUTOMNE

EXEMPLAIRE

VÉLIN

Prix : 25 francs

www.ingramcontent.com/pod-product-compliance
Lightning Source LLC
LaVergne TN
LVHW021526170726
843501LV00004B/978